国家文物局
主 编

中 国

重要考古发现

文物出版社
2013 · 4

图书在版编目(CIP)数据

2012中国重要考古发现／国家文物局主编. — 北京：文物出版社，2013.4

ISBN 978-7-5010-3705-6

Ⅰ. ①2… Ⅱ. ①国… Ⅲ. ①考古发现–中国–2012 Ⅳ. ①K87

中国版本图书馆CIP数据核字(2013)第072688号

2012中国重要考古发现

国家文物局 主编

文物出版社出版发行

北京东直门内北小街2号楼

http://www.wenwu.com

E-mail: web@wenwu.com

北京金彩印刷有限公司印刷

2013年4月第1版　2013年4月第1次印刷

787×1092　1/16　印张：12

ISBN 978-7-5010-3705-6

定价：80元

State Administration of Cultural Heritage

MAJOR ARCHAEOLOGICAL DISCOVERIES IN

Cultural Relics Press
Beijing 2013

协作单位

中国社会科学院考古研究所
国家文物局水下文化遗产保护中心
北京市文物考古研究所
天津市文化遗产保护中心
沈阳市文物考古研究所
吉林省文物考古研究所
吉林大学边疆考古研究中心
上海博物馆
南京博物院
南京市博物馆
浙江省文物考古研究所
杭州市文物考古研究所
宁波市文物考古研究所
山东省文物考古研究所
青岛市文物局
河南省文物考古研究所
南阳市文物考古研究所
湖北省文物考古研究所
广东省文物考古研究所
四川省文物考古研究院
贵州省文物考古研究所
云南省文物考古研究所
陕西省考古研究院
西安市文物保护考古研究院
宝鸡市考古研究所
宁夏文物考古研究所
新疆文物考古研究所

目 录 CONTENTS

前 言 PREFACE

2012年，极不平凡，令人振奋。党的十八大胜利召开，为党和国家各项事业发展绘制了宏伟蓝图，指明了前进方向。春风拂来，全国文物系统工作者团结一心，开拓进取，文物保护事业稳中求进，稳步发展。我们时隔十年再次举办全国文物工作会议，提出了全面加强文物保护利用和传承发展、加快推进文化遗产强国建设的历史任务。全国考古工作会、考古学科建设发展研讨会等重要会议先后召开，指导新时期考古工作的《大遗址考古工作要求》于年末印发，我们和全国文物考古工作者一道，既总结经验，分析形势，寻找事业发展瓶颈的突破之道，也冷静思考，凝聚精神，谋划事业科学长远发展之基。把握机遇，集成创新，成为今年考古工作最为鲜明的特征。

2012年也是工作成果丰硕的一年。吉林大安后套木嘎新石器时代遗址的发掘，是迄今在松嫩平原乃至整个东北地区发现的年代最早的新石器时代遗存，填补了该地区史前文化序列的缺环。地方政府、高校和科研单位创新合作模式，共同开展工作，建立考古与保护的科研教学基地，为人才培养提供了良好条件。

上海松江广富林遗址是一处绵延数千年的大型史前聚落遗址，2012年的发掘收获，进一步丰富了对遗址内涵的认识，为研究上海的城市起源、手工业史提供了重要资料。多家单位统一指挥，统筹步调，分工合作，也树立了大规模城市考古新的工作典范。

陕西神木石峁遗址是2012年一项重要的考古发现，解开了多年来关于石峁遗址的一系列谜团，改变了中华文明发展历程的认识。宏大的学术视野和强烈的课题意识，指导了考古工作的科学开展，成为新时期大遗址考古的代表作。

浙江萧山柴岭山、蜈蚣山土墩墓群的墓葬类型丰富，时代从商代中晚期一直延续到战国初期。它的发掘对构筑中国南方地区商周文化的发展序列、深入探讨南方地区商周时期的丧葬习俗具有重要的意义。

山东沂水纪王崮春秋墓葬规模大、等级高、结构特殊、出土遗物丰富，是山东省近几年来东周考古最重要的发现之一，对研究该地区历史和春秋时期的政治、经济和文化等具有重要价值，为地方旅游经济发展提供了新的亮点。

湖北随州义地岗曾公子去疾墓在城市基本建设工程考古工作中发现，出土有铜器、陶器、玉器等文物共94件（组），铜器上皆有"曾公子去疾"的铭文。曾公子去疾墓的发现是近年来在义在岗发现身份最为明确的一座墓葬，对研究义地岗墓地世系具有重要的学术价值。

陕西宝鸡石鼓山墓葬为一座西周早期高等级贵族墓葬，抢救发掘出两椁一棺的葬具和大量铜礼器等随葬器物。墓主应为"户"族，属姜姓羌族后裔。该墓的发现为研究商周青铜器及西周历史、文化、埋葬制度、礼制发展等提供了重要资料。

新疆温泉阿敦乔鲁早期青铜时代遗址为公元前19至17世纪自治区范围内一处重要的青铜时代遗存。它的发掘首次在新疆确认了相互关联的早期青铜时代遗址和墓地，为探讨该区域古代社会结构、揭示西天山地区青铜时代遗址的具体面貌、探索早期青铜时代新疆地区与中亚地区的文化交流提供了重要资料。

秦雍城城址东区2012年考古调查取得了重要收获。新发现大量城址东区遗迹点，东城墙与南城墙东部的走向、结构与构筑年代、大型宫室建筑和大型聚落遗存情况得到了进一步掌握。秦雍城大遗址保护考古工作正式建立了"秦雍城遗址GIS地理信息系统"平台。为下一步继续开展全面有序的保护和考古工作提供了指向和参照。

河北临漳邺城遗址赵彭城北朝佛寺及北吴庄佛教造像埋藏坑的考古发掘取得重要收获，是中国佛教考古最重要的收获之一，北朝寺院布局及出土的佛教造像，均具有重大的学术、艺术与历史价值。

为配合大运河申遗工作，2011年10月开始对河南浚县黎阳仓遗址该遗址进行钻探和重点发掘。初步明确了黎阳仓城的结构布局和时代演变。黎阳仓遗址的考古发现为申遗工作提供了实物证据，为研究中国古代官仓建设和储粮技术发展增添了新材料。

辽上京皇城西山坡佛寺遗址考古发掘，证实了西山坡是辽代始建的佛寺遗址，为研究辽上京城的布局沿革、辽代的都城制度提供了可靠依据，发掘出土的大量泥塑像精致写实，是研究辽金时期佛教造像类型、题材和工艺的重要材料。

贵州遵义海龙囤遗址，清理出环"宫"城墙、房屋、道路、池沼、窑址等遗迹，出土大量建筑构件及碑刻、瓷器等遗物。本次发掘大致厘清了遗址内"新王宫"的整体布局，对整个遗址的功能分区有了新认识，为深入研究宋明时期西南土司与中央王朝的关系提供了重要的实物资料。

辽宁沈阳清代汗王宫遗址在城市基本建设工程中发现，发掘出一组清代早期建筑址，根据《盛京城阙图》中所绘的"太祖居住之宫"的位置并结合发掘情况判断，该建筑址即为汗王宫遗址。它的发现为研究清早期的宫阙建筑提供了实物资料，对探讨清代盛京城的规划、研究明末清初历史等问题具有重要价值。

……

还是请读者朋友们静静品读，在书中自由地寻觅和感受考古发现中蕴含的知识与魅力吧。广大人民群众是推动文化遗产保护事业发展的力量源泉，依靠群众、服务群众，更好地为人民群众提供文化产品，满足共享、共同、共有的文化遗产权利，是考古人孜孜以求的责任与目标。这本书中所讲述的故事是事业发展关键一年的缩影与注脚，谨以此书献给广大关心支持考古事业的读者们。让我们擦去汗水，整理帆舵，从成长的过程中汲取力量，共同迎接新的起航。

吉林大安后套木嘎
新石器时代遗址

NEOLITHIC SITE AT HOUTAOMUGA IN DA'AN, JILIN

后套木嘎遗址位于吉林省大安市红岗子乡永合村西北约1.5公里，新荒泡东岸的漫岗上，地理坐标为北纬45°39′27.5″，东经123°47′15.1″，海拔130～155米，岗顶高出西侧湖面约6～12米。遗址于1957年发现，此后李莲、张忠培、陈全家等先生先后对遗址进行了复查，1999年被确定为吉林省省级重点文物保护单位。

2011～2012年，吉林大学边疆考古研究中心与吉林省文物考古研究所对后套木嘎遗址进行了区域性考古调查和两次主动性发掘。经调查，遗址现存范围南北长约2150米，东西宽约1190米，面积近141万平方米，以遗址中部一条东西走向的大沟为界，可将遗址分为A区（北）、B区（南）。由地表遗物分布情况看，A区北部多见辽金时期遗物；A区南部和B区主要以新石器时代至汉代遗存为主。发掘主要集中在A区南部，采用象限法理论布方。其中AⅢ发掘区共布5米×5

米探方63个，实际发掘面积1505平方米。AⅣ发掘区共布5米×5米探方34个，实际发掘面积850平方米，总计2355平方米。共清理墓葬100座、灰坑316个、灰沟32条、房址12座，出土可复原陶器200余件，还有数量较多的石、骨、角、蚌、玉、铜等器物。

遗址的地层堆积比较简单，绝大多数探方只有2层堆积。第1层为灰黄色表土层，包含有近现代遗物，第2层为黑灰色沙质亚黏土，分布普遍，出土夹蚌灰褐或黄褐陶，有少量夹炭陶。AⅢ象限发掘区北部部分探方在第2层下还存在第3层，为黄灰色细沙土层，所出基本为夹炭陶。以下为黄色细沙生土。经初步整理，后套木嘎遗址大致可分为六期。

第一期遗迹包括墓葬1座、灰坑23个及灰沟5条。遗迹多开口于第2层下打破生土或第3层，个别开口于第3层下打破生土层。陶器以夹炭的

2011年发掘区全景
A Full View of the Excavation Area in 2011

2012年发掘区全景
A Full View of the Excavation Area in 2012

黄褐陶或灰褐陶为主，器表色泽不均，陶胎很厚（器壁厚度多为1～1.5厘米）。从陶片断茬和表皮脱落处观察，陶胎系以粗细均匀且大体平行的草筋（经显微观察与遗址旁边泡子中生长的蒲草的草筋形态结构颇为一致）和着细泥条盘筑而成，器表内外再涂挂细泥浆，泥条接缝处器表形成明显的凸棱。据初步检测，这类夹炭陶的火候很低，未达到普通陶器的烧成温度，陶质极酥。器表通体施戳压或滚印的栉齿纹，纹样多为排列整齐的短平行线纹、"人"字纹及弦纹等。由于陶片极碎，难以拼对。从保存较大的陶片看，器形有筒形罐、大口曲腹罐和钵等，平底或底略内凹。此期陶器具有东北亚地区早期新石器时代陶器胎厚、火候低、易碎、器形简单等一般特征。从地层堆积上看，此期遗存的地层和遗迹单位的土色均为黄灰色，叠压于全新世大暖期形成的黑沙土层之下，应当是形成于全新世大暖期之前气候相对比较寒冷的时期。此期遗存中所见墓葬中人骨石化也较为严重。所以，这很可能是迄今在松嫩平原乃至我国东北地区所发现的年代最早的新石器时代遗存之一。从器类和纹饰组合来看，其应当代表了一种新的考古学文化。该类遗存的

发现，填补了松嫩平原西部新石器时代文化序列中的一个重要缺环。

　　第二期遗迹包括房址12座、墓葬17座、灰沟21条及灰坑200余个，遗迹既有开口于表土层下打破第2层的，又有开口于第2层下打破第3层或生土层的。部分灰坑、灰沟中有明显的祭祀现象。陶器以夹蚌黄褐陶或灰褐陶为主，有少量泥质陶。陶胎普遍变薄，器壁厚度多为0.4～0.8厘米。火候较高，质地较硬。器表多有纹饰，纹样以附加堆纹、指甲纹、刻划纹、戳印纹为主，素面陶较少。纹饰多施于陶器的口部或上腹部。器形以筒形罐为主，有一定数量的小口深鼓腹罐和大口曲腹罐，还有少量圆鼓腹罐和带流器等。制法以泥条盘筑法为主。此期遗存的特征与昂昂溪文化有相似之处，部分陶器饰划压的曲折纹、细"之"字纹的特征又与农安元宝沟、左家山二期、长岭腰井子遗存较为接近，可初步推定其年代为距今6500～6000年前后。

　　第三期遗迹包括墓葬12座、灰沟5条及灰坑10余个，皆开口于第1层下，打破第2层。陶器主要为泥质或砂质的红褐陶，部分夹蚌粉，胎较薄，火候较高，泥条盘筑法成型。器表多素面，

第一期灰沟AⅢG18
Ash-trench AⅢG18 of Phase Ⅰ

第一期墓葬AⅢM45
Tomb AⅢM45 of Phase Ⅰ

第二期房址AⅣF3
House-foundation AⅣF3 of Phase Ⅱ

第二期灰沟AⅢG1
Ash-trench AⅢG1 of Phase Ⅱ

第二期灰坑AⅢH85
Ash-pit AⅢH85 of Phase Ⅱ

第三期灰沟AⅣG2
Ash-trench AⅣG2 of Phase Ⅲ

第四期墓葬AⅢM7
Tomb AⅢM7 of Phase IV

第五期墓葬AⅣM2
Tomb AⅣM2 of Phase V

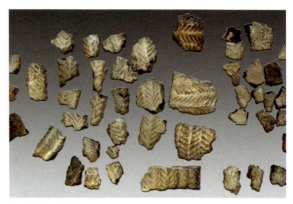

第一期出土陶片
Pot-sheds of Phase I

少量饰麻点纹或"之"字纹。器形有双耳罐、筒形罐、钵等。此期遗存应与白城双塔二期和科左中旗哈民忙哈遗存属于同一种考古学文化，年代与辽西地区的红山文化大体相当。

第四期仅见墓葬2座，均开口于第1层下，打破第2层。陶器为夹砂黄褐陶，器形仅见陶壶。器表磨光，颈腹部饰篦点纹。铜器有联珠饰与铜刀。此期遗存性质应属于白金宝文化，年代大体相当于西周至春秋时期。

第五期遗迹有墓葬70座、灰坑3个，皆开口于第1层下，打破第2层。墓葬中有近半数为洞室墓，其余皆圆角长方形土坑竖穴墓。墓葬有单人葬和多人合葬两种。部分墓葬经早期扰乱，扰乱部位多为随葬品集中的腰部以上位置。从保存较好的墓葬看，死者多为仰身直肢，头向西北。墓葬有西南—东北成排分布的迹象。成人随葬陶器多为壶或壶、钵组合，个别用鼎、罐；儿童随葬陶器多为钵或杯。此期陶器主要为砂质陶，有少量夹砂陶，以

黄褐色为主。纹饰有细绳纹、戳印纹、指甲纹、附加堆纹、刻划纹等，素面陶较少，器表多有红色陶衣或用红彩绘制的花纹。制法以泥条盘筑法为主。器形主要有壶、罐、钵、鬲、鼎、舟形器、碗、杯等。第五期属于汉书二期文化，年代大体相当于战国至西汉时期，其中洞室墓是首次从汉书二期文化中辨识出来的墓葬形制。

第六期属辽金时期遗存，遗迹有灰沟1条、灰坑13个。陶器主要为夹砂红褐陶和泥质灰陶两类，火候高，质地坚硬，器表饰篦点纹、弦纹等，器形有壶、罐、盆等。

后套木嘎遗址的发掘，对于构建和完善嫩江流域汉以前考古学文化的编年序列，开展区域内汉以前考古学文化的谱系、生业、人群及环境的综合研究，乃至探索松嫩平原西部极易遭受自然和人为破坏的沙坨型遗址的保护问题具有十分重要的理论和现实意义。

（供稿：王立新　霍东峰　赵俊杰　刘晓溪）

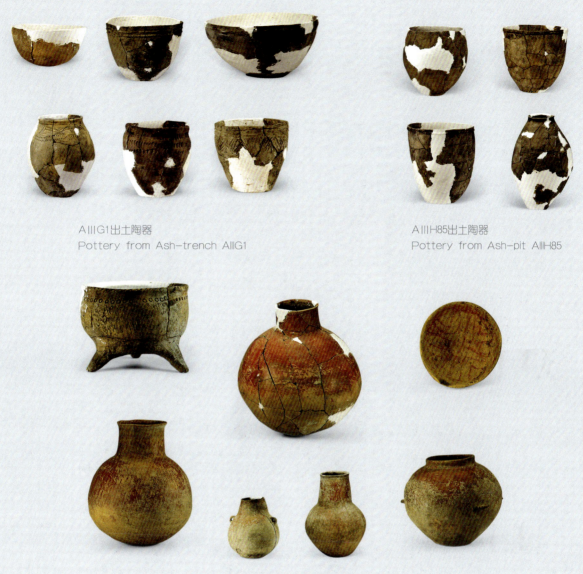

AⅢG1出土陶器
Pottery from Ash-trench AⅢG1

AⅢH85出土陶器
Pottery from Ash-pit AⅢH85

第五期墓葬出土陶器
Pottery from Tombs of Phase V

The Houtaomuga Site is located on a gentle hill about 1.5 km to the northwest of Yonghe Village of Honggangzi Township in Da'an City, Jilin Province. In 2011—2012, the Borderland Archaeological Research Center of Jilin University and the Jilin Provincial Institute of Cultural Relics and Archaeology carried out two seasons of initiative excavation on the site, which resulted in the revelation of 100 tombs, 312 ash-pits, 32 ash-trenches, 12 house-foundations and abundant objects in the opened area of 2,355 sq m. The cultural layers can be divided into six phases, of which Phase I includes mainly charcoal-contained thick-walled pottery vessels of low temperature decorated with stamped or rolled-tool-pressed comb-pattern. These objects represent a new archaeological culture and may be taken the earliest Neolithic assemblage recorded so far on the Songhuajiang-and-Nengjiang Plain and even in whole northeastern China. The excavation of the site has important value to making up a gap in the Neolithic cultural sequence of the Plain and to researching into the culture, subsistence, techniques, society and environment of pre-Han times in this region.

江苏泗洪顺山集
新石器时代遗址

NEOLITHIC SITE AT SHUNSHANJI IN SIHONG, JIANGSU

顺山集遗址位于江苏省泗洪县梅花镇大新庄村西南的重岗山北麓坡地之上，东南距泗洪县城约15公里，西距老濉河5公里。中心地理坐标为北纬33°34′34.23″、东经118°10′11.44″，海拔28～31米。遗址由南京博物院尹焕章、张正祥等先生于1962年调查发现并命名。

为防止遗址进一步遭受破坏并了解其文化内涵，南京博物院考古研究所、泗洪县博物馆于2010～2012年连续对其进行发掘，发掘总面积2750平方米。确认顺山集遗址为一处距今8000年的环壕聚落，遗址总面积达17.5万平方米。发掘共清理新石器时代墓葬92座、房址5座、灰坑26个、灰沟6条、灶类遗迹3处、大面积红烧土堆积及狗坑各1处，出土陶、石、玉、骨器近400件。经初步分析，该遗址新石器时期遗存可分为三个时期。

环壕东西约230、南北约350米，周长近1000米，内侧面积近75000平方米。北部地势最高，向南侧逐渐倾斜，最南端现为赵庄水库，原为一条东西走向的自然河道，与壕沟组成封闭空间。环壕最宽处位于北部，宽24米，普遍宽约15米，最深处亦位于北部，深度超过3米。从东段壕沟解剖情况看，壕沟底部较平坦，坡度较缓，外侧沟壁坡度略大，内侧沟壁呈缓坡状，坑洼不平，沟外堆积直接延伸至沟内，与沟内堆积相叠压。沟内堆积以二、三期遗存为主体，环壕底部均见有淤泥或泥沙，厚薄不均。环壕开挖并使用于一、二期之际，二期时开始废弃，至三期时大体被填实。我们推测，壕沟最初的主要功能是防御与排水，废弃后成为倾倒生产生活废弃物的场所。

一期文化遗存主要见于环壕内侧及环壕外的北部区域，位于环壕内侧西北区域居住区堆积最为丰富。共清理房址2座、灰坑17个、灶类遗迹3处、狗坑1个。

房址中浅地穴式与平面起建式各1座。F1为

遗址发掘现场
Excavation-site of the Site

浅地穴式房子，平面形状近椭圆形，面积7.5平方米，居住面外侧有一周小柱洞，门道朝南，灶坑位于房子内侧中北部，坑内残存陶支脚。灶类遗迹与狗坑均位于房址附近，灶类遗迹位于房子附近的活动面之上，应为露天炊煮所用，烧结面因火烤而成。狗坑内埋有整狗，与房屋建筑密切相关。

一期陶器以圜底器为主，其次为平底器及少量矮圈足器，器形以釜为主，还有罐、钵、盆、支脚、器座等。夹砂陶占90%，有少量泥质陶。夹砂陶多外红（褐）内黑，陶色不均，陶胎普遍较厚，器形不甚规整。泥质陶多为红陶，器表多施红衣。陶器以素面为主，纹饰有指甲纹、按捺纹、乳丁纹、附加堆纹及镂孔等，指甲纹、按捺纹多饰于釜口唇外侧。石器出土较少，多粗糙，器类有斧、锛等。

二期遗存分布范围在一期基础上有所扩大，在环壕外侧形成专属埋葬区。共清理房址3座、墓葬70座、灰坑5个及大面积烧土堆积1处。

本期房址面积较一期大，其中F5面积达22平方米，均为平地起建式，周围一圈柱洞，中部有1～2个中心柱。F3、F5中部均见片状红烧土堆积，残存陶支脚，F4中部残存1件可修复带鋬圜

环壕局部（西北—东南）
A Part of the Moat (photo from northwest to southeast)

环壕剖面
Section of the Moat

底釜。

墓地位于遗址西北区域环壕外侧，墓地形成时环壕已废弃。墓地大部分墓葬被不同程度扰动，人骨多保存极差。均为长方形竖穴土坑墓，墓葬间排列有序，成排分布，较少出现打破关系。墓向多为北偏东，个别朝南。除个别墓为侧身葬外，其余均为仰身直肢葬，以单人葬为主，并存在少量双人合葬及多人合葬。大部分墓葬无随葬器物，有随葬器物者随葬陶器1～2件，器形有釜、钵、壶等。M39为多人合葬墓，骨架呈粉末状，经辨认为6个个体，均仰身直肢，排列密集。头端随葬陶壶、罐、钵各1件。

二期陶器以圜底器及平底器为主，圈足器仅见有豆，不见三足器。器形有釜（以圜底为主，并见少量平底釜）、平底双耳罐、钵、灶及支脚等，此外还有勺、豆、壶、器座、小杯、器盖、纺锤、纺轮及泥塑模型等。釜多深腹筒形，早段多为大敞口，近似头盔状，到晚段口径缩小、器腹加深，新出现花边口釜。夹砂陶占99%，泥质夹植物末陶、泥质陶及夹砂夹云母陶少见。夹砂陶陶色不均，多呈红（褐）色及灰褐色，陶器内侧多呈纯黑色。陶器多素面，纹饰有乳丁纹、刻划纹及镂孔等。装饰多见窄条形鋬手。石器主要有斧、锛、平底圆形磨盘、磨球等。

三期遗存分布范围较二期向北、东北方向有所扩展。本期遗存揭露面积不大，所获遗迹遗物较少。共清理墓葬22座、灰坑4个。墓地位于遗址西南壕沟外侧，部分墓葬因现代人类活动而被破坏。墓葬多为南北向，头向南，个别墓葬尺寸较大，随葬器物较为丰富，如M98共随葬釜、圈足盘、钵等9件陶器。墓葬随葬陶器器形有（绳纹）釜、圈足盘、钵、壶及器盖等。

三期陶器以圜底器为主，其次为平底器及少量圈足器。器形有釜、钵、壶、盆、支脚等，此外还有罐、器座、器盖、锉、纺轮等。夹砂陶比例近99%，夹砂陶中以夹砂红陶和褐陶为主，并有少量的灰陶与黑陶，部分夹砂陶加入植物碎末作为羼和料，器胎多较薄。陶器多素面，纹饰主要有绳纹、戳印、镂孔、刻划、附加堆纹等。装饰多见窄长月牙形鋬手。石器数量不多，常见有斧、锛等。

此外，在三个时期地层或灰坑中均发现有炭

I区墓地局部（南—北）
A Part of the Cemetery in Area I (photo from south to north)

Ⅱ区墓地全景（南—北）
A Full View of the Cemetery in Area Ⅱ (photo from south to north)

红烧土堆积（北—南）
Accumulations of Red-burnt Clay (photo from north to south)

M39（南—北）
Tomb M39 (photo from south to north)

化稻，为研究当时该区域人类生业方式及稻作起源与传播提供了实物材料。

顺山集遗址所在的老濉河为淮河左岸支流，老濉河流域目前已发现的与顺山集一、二期遗存时代相当、文化面貌接近的还有泗洪韩井、淮北石山子、宿州小山口及古台寺等近10处遗址。顺山集一、二期文化遗存，在环壕聚落、圆形地面式房址、使用磨盘及磨球等生产工具、种植水稻等方面具有鲜明的文化特色。根据其固定的陶器组合、独特的文化面貌、明确的时代分期和广阔的分布范围，我们认为可以将以顺山集一、二期遗存为代表的文化遗存命名为顺山集文化。顺山集一、二期遗存与后李文化、裴李岗文化、彭头山文化等有一定的联系。一、二期遗存出土的稻谷标本经北京大学考古文博学院碳十四测定为距今约8100～8300年。三期遗存具有若干跨湖桥文化、城背溪文化及皂市下层文化等因素，年代为距今7000年前后。三期遗存揭露面积小，出土遗物不甚丰富，文化内涵尚不清晰，且有进步分期可能。

顺山集遗址的发现与发掘是近年来淮河中下游地区新石器时代中期偏早阶段考古的重要突破，为环壕聚落研究提供了新材料，也为探讨文化间交流、种群迁徙及人地关系等诸多问题提供了新线索。

（供稿：林留根　甘恢元　江枫　闫龙）

H4出土陶釜
Pottery *Fu* Cauldron
from Ash-pit H4

TG9出土陶釜
Pottery *Fu* Cauldron from
Excavation-trench TG9

F4出土带鋬陶釜
Handled Pottery *Fu* Cauldron
from House-foundation F4

T2055出土陶壶
Pottery Pot from Excavation-
square T2055

TG9出土陶灶
Pottery Cooking Stove from
Excavation-trench TG9

TG9出土陶壶
Pottery Pot from Excavation-
trench TG9

TG9出土陶罐
Pottery Jar from Excavation-
trench TG9

M974出土陶圈足盘
Ring-foot Pottery Dish
from Tomb M974

M97出土陶豆
Pottery *Dou* Stemmed
Vessel from Tomb M97

ST1出土猪形陶支脚
Pig-shaped Pottery
Stand from Burnt
Clay ST1

TG11出土泥塑猴面
Clay Monkey Mask from
Excavation-trench TG11

TG7出土泥塑人面
Clay Human Face
from Excavation-
trench TG7

石磨盘与石球组合
Stone Quern and
Rolling Ball

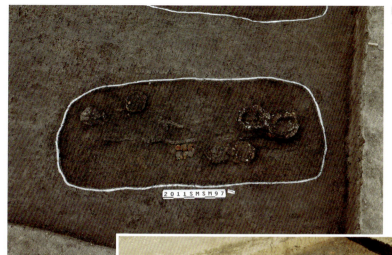

M97（东—西）
Tomb M97 (photo from east to west)

F3（西南—东北）
House-foundation
F3 (photo from
southwest to
northeast)

The Shunshanji Site lies on a slope at the northern foot of Zhonggang Hill in Meihua Town of Sihong County, Jiangsu Province. It was excavated by the Archaeology Institute of Nanjing Museum and the Sihong County Museum in 2010 to 2012. In the opened area of 2,750 sq m the excavators revealed 92 tombs, five house-foundations, 26 ash-pits, six ash-trenches, three foreplaces, one unit of broad red-burnt clay accumulations and one dog burial pit, and brought to light approximately 400 pottery, stone, jade and bone artifacts. These Neolithic remains fall into three phases, of which Phases I and II show certain relationship with the Houli, Peiligang and Pengtoushan cultures and go back to about 8100—8300 BP. The third phase of cultural remains contain some elements of the Kuahuqiao, Chengbeixi and Lower Zaoshi cultures, and can be dated to about 7000 BP. The discovery of the Shunshanji Site is an important breakthrough in the archaeological study of the earlier mid Neolithic Age in the middle and lower valleys of the Huaihe River, making up a gap in the prehistoric archaeology of these regions.

上海广富林遗址
2012年考古发掘

2012-YEAR ARCHAEOLOGICAL EXCAVATION ON THE GUANGFULIN SITE IN SHANGHAI

2012年2~8月，由上海博物馆主持，联合复旦大学、上海大学、南京大学、山东大学和宁波市文物考古研究所共同组成的考古队对广富林遗址再次进行抢救性考古发掘。本次发掘区地处广富林遗址的东南边缘，实际发掘面积14190平方米。整个发掘区的南部发现了一条大致为东西向的河（湖）岸线，岸线以南主要为河湖相堆积。经发掘确认，发掘区地层向岸线倾斜，呈北高南低的坡状堆积。北部地层堆积埋藏较浅，形成高地，崧泽文化、良渚文化的遗存主要位于北部的高地上。在高地与岸线之间的坡地上有钱山漾阶段、广富林文化堆积，皆呈坡状，广富林文化堆积在坡地上广泛分布，且北部较薄。

本次发掘共发现灰坑1054个、灰沟85条、水井338口、房址4座、墓葬38座和特殊遗迹15处，这些遗迹分别属于新石器时代、周代、汉代及宋元至明清等时期，其中崧泽文化时期的黄土台、良渚文化时期的墓地与广富林文化时期的房址较为重要。

黄土台位于发掘区东部，由1个主台和4个副台组成。主台平面呈长条形，中部平坦，四周呈坡状倾斜，东西长约30、南北宽约13米，面积约390平方米。主台由中心部分及东扩部分组成，中心部分东部近长方形，西部呈不规则形，两部分之间有一个狭长通道相连。东扩部分平面呈椭圆形，所处位置地势比中心部分低30厘米左右。从平面上看，主台的中心部位由黄土和红褐色土

交错叠压，呈块状，不连续分布。其堆筑方式为搬运周边的生土堆积于当时地势较高处，未发现明显的夯筑迹象。堆土纯净，几乎无包含物。4个副台位于主台的东面和南面，年代上与主台相当或略晚。该黄土台被宋元时期遗迹严重破坏，未能在土台上方或四周发现能说明其具体性质的迹象。

良渚文化墓葬34座，大致可分为三个墓地。其中东部的墓地较大，位于黄土台的东、西两侧，打破土台，共18座，大体呈东西向分布。墓葬均为竖穴土坑墓，平面呈长方形，墓向190°左右。葬式以仰身直肢葬为主，另有侧身葬、俯身葬、二次葬等。基本器物组合为鼎、豆、圈足盘、双鼻壶。其中M332随葬品最为丰富。M332为长方形竖穴土坑墓，葬式为单人仰身直肢，墓向190°，墓圹长约190、宽约65、深8~10厘米，随葬品28件，有圈足罐、双鼻壶、豆盘、鼎、豆、石钺、玉锥形器及玉珠等，墓主右脚外侧还随葬有猪的下颚骨。

本次发掘还发现了较为丰富的广富林文化时期遗存。F12是一座保存较好的地面式双间排房，西北—东南走向。东西长约13、南北宽约4米，面积约52平方米。中部一道隔墙把F12分为两间，东部一间面积约19平方米，西部一间面积约33平方米。基槽不甚规整，宽0.32、深0.4米，弧壁，圜底，填土为深褐色土，夹大量红烧土颗粒。墙体仅残存墙根，墙体拐角大致为直

M332

Tomb M332

角，且拐角处均有柱洞发现，从倒塌的墙体判断应为木骨泥墙。东、西两间各发现门道一处，均朝南，东门道宽约0.9、西门道宽约0.8米，门道两侧均发现小柱洞。F12的室内发现了部分活动面，厚2～3厘米，活动面上发现水平散布的陶片。灶址位于F12西间的西北部，平面呈椭圆形，长径0.95、短径0.68米，弧壁，近平底，深6～8厘米，底为纯净黏土，有明显烧灼的炭痕，底部放置有罐、鼎及器盖的残片。F12的周边还发现有室外活动面、散水等附属遗迹。活动面有压碎的大型器物。在西墙外侧放置有多件器物，可辨器形有鼎、缸、罐等。散水呈缓坡状，土质较硬，北墙外侧中部经过烧烤，呈红褐色，夹杂有红烧土块和细碎陶片，由此推测F12房顶为出

檐式。此外在F12的西侧和西北，发现有3个陶片密集分布的陶片堆。

本次发掘再次发现了广富林文化的多件玉石琮，以T5023④C层出土的石琮为例，其形制为内圆外方，圆角，外壁略弧，素面，外径约14、内径约9.5、高9.8厘米。另发现多件残断玉琮。这些玉石琮的发现再次确认了广富林遗址是目前发现广富林文化时期最重要遗址。

周代至汉代是广富林遗址人类活动的最重要时期之一，本次发掘普遍发现这一时期的地层堆积和大量遗迹、遗物。H3717位于发掘区中南部，平面呈椭圆形，直壁，平底。南北长1.66米，东西长1.15米，出土有折线纹硬陶尊、泥质黑陶罐、泥质黑陶器盖、石镰、砺石等器物。本

F12

House-foundation F12

H3717
Ash-pit H3717

期发现一件春秋时期青铜尊，敞口，高颈，扁圆腹，高圈足，高24.4、口径22.5厘米，腹部装饰以棘刺纹为主，2组变体云纹对称饰于腹部两侧，口沿内壁上也对称装饰兽面纹。这件青铜尊是广富林遗址发掘出土的第三件青铜礼器，也是目前发现最为完整、体量最大的一件青铜礼器。除青铜尊外，发掘还出土了多件青铜工具和兵器，同时还第一次出土了用于青铜冶铸的石范。石范仅存半块，应是用于范铸青铜斤的模具，长方形，弧背，两侧有长条形槽，宽9.4、高15.5、厚5.2厘米。它的出土证明了周代上海地区古人已经掌握了青铜器制造的技术，是研究上海地区青铜冶铸史的重要材料。

2012年广富林遗址的考古发掘，是建国以来上海年度发掘面积最大、参加单位最多的一次。本年的发掘虽位于遗址边缘地带，但丰富的遗迹现象及大量文物的出土，为研究广富林遗址的聚落布局、环境变迁、人类行为模式以及探讨其相互关系提供了重要资料。

（供稿：黄翔）

M332随葬器物
Funeral Objects of Tomb M332

三足盘
Three-legged Dish

黑陶壶
Black Pottery Pot

陶鼎
Pottery *Ding* Tripod

陶鬶
Pottery *Gui* Cooking Vessel

石琮
Stone *Cong* Emblem Square Outside and Round Inside

石范
Stone Mold

石刀
Stone Knives

石锛
Stone Adzes

青铜尊
Bronze *Zun* Vase

骨器
Bone Implement

In February—August 2012, the archaeological team organized by the Shanghai Museum in cooperation with Fudan, Shanghai, Nanjing and Shandong universities and the Ningbo Municipal Institute of Cultural Relics and Archaeology carried out a secondary salvage excavation on the Guangfulin Site. The work covered an area of 14,190 sq m on the southeastern border of the site, and revealed 1,054 ash-pits, 85 ash-trenches, 338 wells, 4 house-foundations, 38 tombs and 15 units of peculiar vestiges, of which the Songze Culture loess platform, Liangzhu Culture cemeteries and Guangfulin Culture house-foundations are the most important. The discovery of jade and other precious stones made *cong* emblems square outside and round inside belonging to the Guangfulin Culture reflects that this site is surely among the then important vestiges, and a rather intact bronze *zun* vase of the Spring-and-Autumn Period is the third bronze ritual vessel yielded from the site. In addition, the bronze-casting stone mold discovered for the first time on the site indicates that in the Zhou Period, people in this region had known bronzes making techniques; it is a piece of important evidence to researching into the history of bronze smelting and casting in the Shanghai region.

浙江余杭茅山
史前聚落遗址第二、三期发掘

THE SECOND AND THIRD SEASONS OF EXCAVATION ON THE PREHISTORIC SETTLEMENT-SITE AT MAOSHAN IN YUHANG, ZHEJIANG

茅山位于浙江省杭州市余杭区临平镇小林街道上环桥村北侧，西距良渚遗址群约20公里，山体东西狭长，海拔48.8米。遗址分布在茅山南麓，由东至西横跨700多米，总面积约10万平方米。

因余杭经济开发区建设，经国家文物局批准，2010年2月～2011年1月、2011年2～12月，浙江省文物考古研究所和余杭区中国江南水乡博物馆联合对茅山遗址进行了第二、三期发掘。发掘工作将遗址分为东、西两区同时进行，东区发掘面积约12000平方米，西区发掘面积约9000平方米，出土陶、石、玉、木等各类器物1600余件（组）。

茅山遗址史前聚落的格局，依地形可分两大块：北部地势较高的茅山坡脚为居住生活区（包括墓葬区），文化层堆积由早到晚主要为马家浜文化晚期、良渚文化中期、良渚文化晚期和广富林文化时期等4个阶段，以及有少量崧泽文化时期遗存；南部地势低洼的坡下为稻田区，该区农耕遗迹由早到晚发现有良渚文化中期条块状稻田、良渚文化晚期大面积水稻田和广富林文化时期农耕层等3个阶段，并分别与居住生活区同时期的堆积相对应，构成不同阶段的茅山遗址史前聚落。

马家浜文化时期遗存：共清理房址3座、墓葬4座、灰坑160余个、水井2口及路1条。其中房址F4、F5为半地穴式，平面呈"凸"字形，面积分别约12和8平方米，斜坡式门道，地穴外侧立柱支

成房顶，这种形制在江南地区较为少见。墓葬均为长方形竖穴土坑，东西或南北向，随葬品一般仅釜或鼎1件。灰坑的形状有圆形和不规则形等，多打破生土，包含物较少。出土陶器有筒形釜、腰沿釜、鼎、豆、侧把盉、罐、盆、灶等。

良渚文化时期遗存：居住生活区清理的遗迹有房址2座、墓葬161座、灰坑80余个、水井7口、灰沟3条及路1条。结合层位关系和出土器物可以将这些遗迹分为良渚文化中期和晚期两个阶段。

F8是保存较好的良渚文化房址，面积约18平方米，长方形基槽内再分割成大小两间，门道同在一侧并毗邻，门旁挖坑立柱。

墓葬除少部分分布在聚落中部地势较高的专门墓地外，大部分发现于居住区南侧或附近，可分成若干个区块，区块内的墓葬大致为东西向成排分布。墓葬均为长方形竖穴土坑，人骨已朽，部分尚存葬具痕迹。良渚文化中期墓葬陶器的基本组合为鼎、豆、罐和盆，晚期墓葬陶器基本组合为鼎、豆、尊；此外还有过滤器、圈足盘、双鼻壶、宽把杯等。通常根据性别不同分别随葬石钺或陶纺轮，部分墓葬随葬石钺数量较多，其中M79有24把，最多的M133有27把。随葬玉器有三叉形器、冠状器、璜、镯、锥形器、坠、管、珠、串饰等。

稻田区中的良渚文化中期和晚期稻田，地层叠压关系明确，稻田形态明显不同。

18

中期稻田呈条块状，开口于稻田区第8层下（东、西区地层相同）。东区中间为一条通往北侧居住生活区的略呈西北—东南走向的河道（G7），G7两岸密集分布着条块状稻田，共清理田块26块、水井2口。田块的平面形状有长条形、不规则圆形、长方形等，面积从1～2平方米到30～40平方米不等。田块之间有隆起的生土埂，部分生土埂表面有细砂并附着泥和碎小陶片，可能是踩踏使用留下的痕迹。田块之间有的有小沟相连，部分田块有排灌水口与G7相通。此外，田块之间还发现有两组叠压关系，S11为一东西向的长条形田块，在其下部叠压着东西排列、平面呈长方形或近方形的田块4块（S19～S22）。水井和G7内出土陶器鱼鳍足鼎、双鼻壶、圈足盘以及石刀等遗物。G7东岸还发现一艘尖头方尾的独木舟，全长7.35、最宽0.45、深约0.23、船沿厚约0.02米。船身由整段马尾松圆木加工而成，局部稍有残缺。这是首次发现良渚文化时期独木舟，也是国内考古发掘出土保存最完整、最长的史前独木舟。西区稻田区发现良渚文化中期的条

块状稻田11块、东西向河沟1条，部分田块之间也存在着叠压关系。

据此推断，茅山遗址南部东西700多米范围内，在良渚文化中期已形成大范围的稻作农耕区。稻田的形态为条块状小田块，中间交错分布着小的河沟。

晚期稻田，即稻田区第7层，在布局和形态上有了新的变化和发展：以东区为例，首先，在稻田布局上，良渚文化晚期先民在地势较高的居住生活区和地势低洼的稻田区之间开挖了一条呈东西贯穿整个遗址的河道（G2）。G2具有防洪排水、提供生活用水、灌溉南部稻田等多种功能，表明茅山良渚文化晚期先民对聚落的布局和规划能力有了大的提高。其次，稻田形态由中期的大范围条块状稻田发展为连片的大面积水稻田。G2以南的稻田区南北各有一条东西向的灌溉水渠（G3、G6），两条水渠间距约64～70米，其间是东西排列的大致呈南北向的红烧土铺面的田埂，田埂宽0.6～1.2米，最长达83米。田埂间距17～19米，最宽31米。由此，东西向灌溉水渠和南北

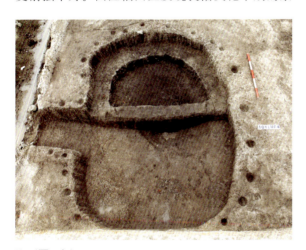

F4（西—东）
House-foundation F4 (photo from west to east)

F8（南—北）
House-foundation F8 (photo from south to north)

M133（北—南）
Tomb M133 (photo from north to south)

东区良渚文化中期水稻田局部（南—北）
Part of the Paddy Fields of the Mid Liangzhu Culture in the Eastern Area of the Site (photo from south to north)

西区良渚文化中期水稻田局部（东—西）
Part of the Paddy Fields of the Mid Liangzhu Culture in the Western Area of the Site (photo from east to west)

独木舟出土情况
Dugout Canoe in Excavation

良渚文化中期水稻田田块间叠压关系
Superimposition of Paddy Fields of the Mid Liangzhu Culture

良渚文化晚期水稻田全景
A Full View of Paddy Fields in the Late Liangzhu Culture

向田埂共同围成了4块完整的良渚文化晚期稻田田块，田块平面为长条形，面积约1000平方米，大者近2000平方米。西区结构与东区形似。

结合考古发掘和土壤植硅体、植物种子分析结果判断，良渚文化晚期水稻田的范围呈东西狭长的条状分布，东西长约707米，南北宽45~112米，面积约5.5万平方米。

广富林时期遗存：居住生活区的地层堆积普遍较薄，清理的遗迹有灰坑5个、水井1口。出土陶器有扁侧足鼎、罐、豆等，石器有半月形石刀等。稻田区第6层属于广富林文化时期农耕层，该层发现大量牛脚印和多件散落的用于收割的半月形石刀。

茅山遗址的良渚文化聚落由居住区、墓地区和稻田区组成，布局结构相对清晰完整，是良渚文化聚落考古的新突破，其中良渚文化中期条块状稻田和晚期大面积水稻田均属首次发现。此外，良渚文化晚期大面积水稻田揭露出了明确的道路系统、灌溉系统和完整的长条形田块结构，是长江下游地区史前稻作农业资料中首次发现的新类型，对于研究良渚文化时期的聚落形态、稻作农业具有重大意义。

茅山遗址不同时期稻田遗迹的发现填补了太湖地区史前稻作农业发展演变研究中的空白，为全面系统研究新石器时代中国东南地区稻作农业的发展过程提供了珍贵的资料。

（供稿：丁品　赵晔）

G2局部（西一东）
Part of Canal G2 (photo from west to east)

G3局部（西一东）
Part of Canal G3 (photo
from west to east)

田埂L2局部（南一北）
Part of Low Bank between
Fields L2 (photo from south
to north)

牛脚印
Ox footprints

马家浜文化陶器
Pottery of the Majiabang Culture

M79出土石钺
Stone *Yue* Axes from Tomb M79

良渚文化陶器
Pottery of the Liangzhu Culture

In February 2010 to January 2011 and in February to December 2011, the Zhejiang Provincial Institute of Cultural Relics and Archaeology and the Yuhang District Museum of River and Lake Regions in South China carried out jointly the second and third seasons of excavation on the Maoshan Site. In the opened area of about 21,000 sq m they revealed abundant Neolithic cultural remains, including five house-foundations, 170 tombs, 246 ash-pits, 10 wells, and some brooks and roads, and brought to light above 1,600 pieces/sets of pottery, stone, jade and wooden artifacts. This is a large-sized prehistoric settlement-site going back to about 6000—4000 BP. Among its remarkable vestiges are mid Liangzhu Culture period long narrow paddy fields and late Liangzhu Culture extensive ones recorded for the first time. During the Liangzhu Culture period, the Maoshan Settlement consisted of dwelling, burial and paddy-field areas; their clear and complete layout and structure constitute a new breakthrough in the settlement archaeology of the Lianghzhu Culture. The discovery of paddy fields left over from different phases made up a gap in researches on the evolution of prehistoric rice agriculture in the Taihu Lake region and provided valuable data for the all-round and systematic study of the development of rice cultivation in Neolithic Southeast China.

浙江海宁皇坟头新石器时代遗址

NEOLITHIC SITE AT HUANGFENTOU IN HAINING, ZHEJIANG

皇坟头遗址位于浙江省海宁市海昌街道张家堰村，现为海宁市海昌经济开发区辖地。遗址发现于2006年，第三次全国文物普查期间被公布为海宁市文物保护点，遗址原有地貌为略有分割的台地，现存面积约1万平方米。2008年9～10月，海宁市博物馆曾在遗址西部进行了抢救性发掘。为保护遗址及配合开发区道路建设，浙江省文物考古研究所在报请浙江省文物局和国家文物局批准后，与海宁市博物馆组成联合考古队，于2011年3月开始对皇坟头遗址再次进行抢救性发掘，至2012年11月底发掘面积已达3700平方米。

本次发掘发现了崧泽至良渚文化时期的土台4个。Ⅰ号土台的主体部分为2008年的发掘区

域，本次只是清理了土台东部和南部的残留部分，因此不能明确Ⅰ号土台的整体范围和布局，其堆积主要属于良渚文化，底部有少量的崧泽文化堆积，发现有灰坑等遗迹。Ⅱ号土台呈东北—西南走向，东西长约40、南北宽约15米，面积约600平方米，四边呈坡状，现存土台高度不到2米。土台的堆积均为良渚文化时期形成，其最早在东端营建，并有石坎驳砌，然后向西南方向扩展。由于土台上部被后代破坏，因此在地层堆积上未看出土台扩展的全部过程，仅能从埋于土台上面的墓葬分布情况大致确认Ⅱ号土台可能存在3次以上的扩展过程。Ⅰ、Ⅱ号土台互不相连，二者之间有与Ⅱ号土台走向一致的沟状堆积。Ⅲ号土台处于遗址的北部，始建于崧泽文化晚期，在良渚文化时期继续沿用并向西扩展。扩展的过程中多次埋墓，并发现有建筑遗存。不同的层面上还有碎石铺面和块石铺面，可能与当时土台堆积过程中人们的生活行为有关。由于Ⅲ号土台盗掘破坏较为严重，且目前正在清理，还未知其面貌和明确的堆筑过程。Ⅳ号土台在遗址南部，仅揭露了很小的范围，已发现的迹象也支持土台存在的可能。

本次发掘在Ⅰ、Ⅱ、Ⅲ号土台上共清理了崧泽文化墓葬3座、良渚文化墓葬111座。这些墓葬均为长方形竖穴土坑墓，头向南。崧泽文化墓葬的年代为崧泽文化晚期，而良渚文化墓葬大部分年代处在良渚文化中期，个别的年代稍早或稍晚。从人骨保存较好的墓葬看，多为仰身直肢，个别为俯身葬，同时发现一些二次葬的墓例。墓

Ⅱ号土台
Earthen Platform Ⅱ

葬中的葬具已完全腐朽，但从个别墓例剥剔出的棺椁痕迹来看，随葬品主要放置于棺内，但也有一些在棺外放置陶器。随葬品以陶器和石器为主，还有一些小件玉器、骨器和象牙器等，共计1600余件。这些墓葬的等级不高，应为一般平民的墓葬。皇坟头遗址良渚文化墓葬随葬陶器的基本组合为鼎、豆、双鼻壶，陶器的制作较为粗糙。石器有钺、镰、多孔石刀和以往旧称的"耘田器"。相对于其他地点，皇坟头遗址石镰、"耘田器"的出土比例较高，其中石镰在未被破坏的墓例中都有出土。三孔以上的多孔石刀在良渚文化遗址中非常少见，而在皇坟头遗址发现较多，尤其还出土了五孔和七孔的石刀，这些都表明了皇坟头遗址在良渚文化范围内具有自身鲜明的特点。

此外，皇坟头遗址还发现了17个良渚文化时期的叠石圈遗迹。这类叠石圈通常分布在土台的边缘，层位学上可以确认其属于良渚文化。从地层上观察，这些叠石圈不全在同一个层面上起筑，而是间隔分布于土台扩展过程中形成的不同层面。叠石圈平面大致呈圆形，保存基本完整的直径为2.8~3.5米。个别的叠石圈筑在小石子铺成的层面上，通常以红色和灰色的块石叠砌而成，所用石块未经细致加工。大多数叠石圈内外壁砌筑整齐，壁面基本垂直，块石之间填塞细碎的砂石用以整固，现残存高度0.2~0.5米。叠石圈内的堆积中除有极少的陶片外无其他遗物。从平面分布情况和出土层位看，叠石圈可能是良渚文化时期与土台营建或丧葬制度有关的遗迹。这是良渚文化遗址发现70多年来以来，在整个良渚文化范围内的首次发现。

皇坟头遗址以叠石圈为代表的，包括营建多个土台和颇具特色的随葬器物等在内的文化遗存，为研究良渚文化聚落形态、良渚时期人类行为模式、良渚文化与周边文化的关系等方面提供了新材料。

（供稿：芮国耀　马竹山　章竹林）

Ⅲ号土台的碎石铺面
Broken Stone Pavement of Earthen Platform Ⅲ

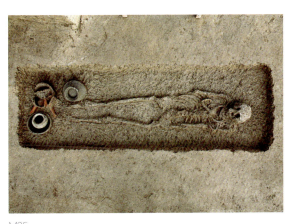

M95
Tomb M95

M83
Tomb M83

崧泽文化墓葬出土陶器
Pottery from Tombs of the Songze Culture

良渚文化墓葬出土陶器
Pottery from Tombs of the
Liangzhu Culture

锥形器
Awl-shaped Implements

石钺
Stone *Yue* Axes

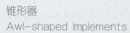

七孔石刀
Seven-perforation Stone Knife

石镰
Stone Sickle

M114
Tomb M114

M132
Tomb M132

The Huangfentou Site is located at Zhangjiayan Village of Haichang Sub-district in Haining City, Zhejiang Province. From March 2011, the Zhejiang Provincial Institute of Cultural Relics and Archaeology and the Haining Municipal Museum are jointly carrying out there salvage excavation, and have opened 3,700 sq m in total. They discovered four earthen platforms of the Songze to Liangzhu cultures and revealed 114 tombs, three belonging to the Songze Culture and 111 to the Liangzhu Culture, which yielded more than 1,600 funeral objects. The pottery is combined in the *ding* tripod, *dou* stemmed vessel and double-"nostril" pot set, and the stone implements are of the *yue* axe, sickle, multi-perforation knife and "weeding tool" types, all showing clear distinctiveness. In addition, the excavators brought to light 17 stone-built circles of the Liangzhu Culture Period. Judged by their distribution and stratigraphical evidence, it can be preliminarily inferred that they might have been concerned with the building of cemeteries and burial institution. It is the first discovery of this type of remains in the whole Liangzhu Culture scope.

8号叠石圈
Stone-built Circle No.8

15号叠石圈
Stone-built Circle No.15

浙江余姚田螺山
河姆渡文化遗址2012年考古发掘

2012-YEAR ARCHAEOLOGICAL EXCAVATION ON THE SITE OF HEMUDU CULTURE AT TIANLUOSHAN IN YUYAO, ZHEJIANG

田螺山遗址南距河姆渡遗址7公里。2004年至今，田螺山遗址已连续开展了多次野外发掘，2012年的考古发掘工作，是浙江省文物考古研究所及河姆渡遗址博物馆对该遗址进行的第5次发掘的后半阶段。

本次在保护棚内的发掘工作重点向早期堆积继续稳步推进。结合2012年上半年解剖性发掘的第6层下的大方柱建筑遗迹和以前发掘的第4层下的垫板坑遗迹、第2层下的红烧土坑遗迹，从而首次在同一个聚落遗址内完整地发现了代表河姆渡文化早晚四个不同阶段的木构建筑遗迹。

第一期：以打插密集排桩为基础的干栏式建筑遗迹。排桩大多露头于距地表2米多深的第7层

遗址发掘现场
Excavation-site of the Site

下部，并穿过第8层，打破第9层，基本呈东北—西南和西北—东南方向垂直相交排列，木构建筑整体大致显示依托田螺山西南坡下湿软的海相沉积滩涂布置成东北—西南走向的干栏式长排房，单元和面积大小受发掘面积局限和因现场保护的需要，不能清晰揭露。木桩直径约10厘米，桩与桩之间的距离较近，约10～20厘米。本期建筑具有容易施工、承重性能不佳的特点。年代属河姆渡文化早期早段，距今7000年左右。

第二期：以挖坑埋柱方式布置粗大柱网作为基础的建筑遗迹。木柱大多为直角方体或扁方体，加工异常规整，边长多为30～40厘米，有的达50厘米以上，现存长度最长的近3米。如此巨大的方体木柱为国内史前考古所罕见，代表了当时成熟的木构建筑加工和营建技术水平。木柱排列具有一定的规律性，建筑遗迹的单元形态相对清晰。发掘区北部见一长排房，南北20、东西约8～10米，木柱单体略小。其东南部出土了许多大方柱，这些方柱大致构成了一个规模较大的建筑整体，面积近300平方米。从它所处的聚落偏中心位置和建筑规模来看，由大方柱所组成的建筑为村落中心大房子无疑，应是一座礼仪性建筑。而位于其西北的规模略小的木构房屋，结合在其附近出土了大量日常生活废弃物来看，应是一座村落日常居住建筑，并且两组建筑的有机布局表明当时在同一村落中已出现了日常居住建筑和礼仪建筑的功能分区现象。此期遗存的年代为

河姆渡文化早期晚段，距今6500年左右。

第三期：以挖坑、垫板再立木柱的方式布置柱网作为基础的建筑遗迹。本期是前期建筑技术和经验的发展形式，也应是后代中国传统土木建筑结构和技术的成熟来源。年代为河姆渡文化晚期早段，距今约6000年。

第四期：建筑以挖浅坑、坑内垫石块、木条等杂物，再立柱，并在其周围填塞红烧土的方式营建房屋基础。此期遗存的年代为河姆渡文化晚期晚段，距今约5500年。

田螺山遗址出土了多件特殊遗物，如象纹雕刻木板、独木梯、双鸟木雕神器、木磨盘、木豆形器、长剑形木器等，反映了河姆渡先民高超的技术和艺术水平，及以自然崇拜为核心的原始宗教信仰。同时，本次发掘还系统获取了大量与村落建筑布局相关、反映古人生计模式（食物结构）和加工行为的大量有机质遗存，特别是多处鱼骨堆（坑）、牛头骨、鹿角、龟甲壳、稻谷壳堆、木屑堆、白泥坑、橡子和菱角储藏及处理坑等各类生活遗迹、遗物。

此外，在遗址村落居住区周围出土多片人工栽种的山茶属植物根须，对其进行的木材切片和包含的茶氨酸成分等相关检测初步表明，它们是中国最早的人工栽种茶树遗存。这一发现可能把中国茶文化的历史上推至距今6000年前。

同时，在田螺山聚落居住区西侧的古稻田发掘区内，再次揭示出河姆渡文化晚期稻田及位于稻田边上、与村落相连的用大量小木条、树枝条、细竹杆等材料纵向铺设的东西向小路。更重要的是在早、晚期两个阶段稻田堆积之间发现了厚约0.7米的纯淤泥层，它表明在河姆渡文化中期，确实出现过一个阶段的明显海平面上涨过程以及稻作农耕环境退化的阶段性情况。另外，在深2.7米的堆积中还揭示出一个清楚的早期田块的转角，以及边缘略微隆起似田埂的迹象。这些新发现为进一步研究河姆渡时期稻作农业技术状况以及与自然环境变迁的密切关系提供了珍贵视角。

田螺山遗址2012年考古发掘为科学系统地研究河姆渡文化、重新确认河姆渡文化在中国稻作农业起源和发展进程中的作用，以及探索干栏式建筑起源、中国南方史前聚落形态、人与环境的互动关系、南岛语族文化渊源等方面均展示出了独特的意义。

（供稿：孙国平　黄渭金）

第一、二期建筑遗迹
Building Vestiges of Phases I and II

T405第6层下大方柱
Large-sized Square Posts beneath the Sixth Stratum in Excavation-square T405

带垫板柱坑
Post Hole with a Wooden Pad

红烧土坑
Red-burnt Clay Pit

泥土淘洗作业场景
Scene of Clay-washing Operation

独木梯
Single-log Steps

木蝶形器
Butterfly-shaped Wooden Object

刻纹陶器
Pottery Vessel with Carved Design

骨耜
Bone *Si* Spade

龟甲
Tortoise-shells

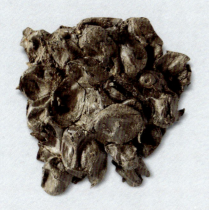

豆类植物
Remains of Legume

刻纹木板
Wooden Plank with Carved Design

双鸟木雕
Double-bird Carving in Wood

菱角
Water Chestnuts

The 2012-year archaeological excavation on the Tianluoshan Site is the second half of the fifth season of excavation at Tianluoshan carried out jointly by the Zhejiang Provincial Institute of Cultural Relics and Archaeology and the Museum of Hemudu Sites. Under the preservation shed, the excavators revealed completely ruins of wood-structured pile-dwellings that represent the four phases of Hemudu Culture, and, in the dwelling area outside the shed, discovered remains of the earliest Chinese man-planted tea trees and late Hemudu Culture paddy fields. The unearthed objects are rich and distinctive. In addition, a large amount of organic subsistence was collected on the site. The 2012-year excavation on the Tianluoshan Site is of great significance to scientific and systematic researches on the origins of the Hemudu Culture and pile-dwellings, and the re-ascertainment of the role of the Hemudu Culture in the origination and development of rice agriculture in China.

四川金川刘家寨
新石器时代遗址

NEOLITHIC SITE AT LIUJIAZHAI IN JINCHUAN, SICHUAN

刘家寨遗址位于四川省阿坝藏族羌族自治州金川县二嘎里乡二级阶地刘家寨上。地理坐标为北纬31°47'57"，东经101°32'2"，海拔高度约2650米。经报请国家文物局批准并受其大力支持，2011年9～11月、2012年5～9月，四川省文物考古研究院联合阿坝州金川县文物管理所分别对该遗址进行了两次考古发掘，共计发掘面积3500平方米，取得了丰富的成果。

刘家寨遗址地层堆积可分为5层，每层深0.2～1.8米。两次发掘共清理新石器时代各类遗迹350处，其中灰坑298个、灰沟1条、房址16座、陶窑26座、灶7座、墓葬2座，出土陶、石、骨、角等小件标本6000余件。

刘家寨遗址灰坑主要为圆形或近圆形，有一定数量为不规则形。剖面呈锅底状、直筒状者或袋状。部分灰坑壁、底发现工具痕。坑内堆积多为含大量草木灰的沙土，夹杂红烧土和炭粒，出土较多陶片和动物骨骼，经筛选和浮选发现大量细石器、炭化植物种子。个别灰坑内堆积形式特殊，几乎只埋藏大块陶片或集中堆积大量大型动物骨骼。

房址发现于不同层位。早期只见方形木骨泥墙房址和圆形柱洞式房址，基槽宽约15～20厘米，柱洞径小，建筑面积仅有数平方米。晚期房址为方形石墙建筑，被南部的3道石坎分为3排，每排分布2～3座。这类房屋基槽较深，墙体一般

第一次发掘区全景
A Full View of the First-season Excavation Area

厚达5厘米，多开间，有的进深两间，建筑面积数十平方米。部分房址内堆积含大量草木灰。此外，遗址南部区域堆积较厚，保存有4处活动面，其中可辨识的3处为建筑遗迹内活动面。

陶窑多开口于第2、3层下，分布无明显规律。陶窑可分为3种。一种为向下挖坑做操作间和火膛。这类多保留有操作间、火门、火膛和火道，窑室不存。操作间多为椭圆形深坑，打破生土。火门呈"U"字形，上部横放一块石板。火膛呈锅底状，草拌泥抹筑，残存上部，直径在0.6～1米，其正中插有一块楔形长石块，用以支撑窑室底部。另一种不见操作间，多依斜坡地势向下挖坑作为火膛，在坡顶加工修建窑室，并以"八"字形、"="形或圆弧形火道与火膛相连。此种陶窑的窑室多已被毁。第3种为平地起建圆形弧壁窑室，一侧挖长方形小坑做灰膛，上盖石板，灰膛与窑室之间有直径10～15厘米的圆孔相连。窑室壁厚约15厘米，残高约5～30厘米，如Y11、Y15。Y15窑室底部红烧土为草拌泥抹筑，烧结面达4层，最上一层烧结面与四周窑壁之间存在明显分界线，推测其为多次加工使用所致，灰膛内含大量灰白色灰烬。

结合开口于第2层下的大型灰沟（G1）中的堆积主要为草木灰这一点来看，不排除其与烧陶有关。此外，根据对Y11等的清理，我们推测部分活动面或房址可能与陶窑有直接联系，如存放陶泥、制作陶器和阴干陶坯等。

值得一提的是，在发掘区内发现数处红色黏土堆，土质相对纯净，曝晒后质地较硬。最大的一处堆积达数平方米，残高10～30厘米。这些土堆是否与制陶有关，还有待检测分析。

遗址内清理的2座墓葬均位于房址附近，根据墓主骨骼特征初步判断为10岁左右的儿童，均不见随葬品。M1为土坑竖穴墓，葬式为仰身直肢。M2为灰坑葬，人骨位于圆形坑底一侧，葬式为俯身直肢。

遗址内出土大量陶、石、骨器等人工制品及丰富的动物骨骼。

出土陶器分夹砂陶和泥质陶。夹砂陶以褐陶、灰褐陶居多，多为平底器，方唇上多压印绳纹，也有部分压印花边口，器身饰以绳纹、交错绳纹、附加泥条堆纹等。泥质陶分彩陶和素面陶，彩陶主要为红褐陶，少量灰褐陶，多在盆、钵、瓶上饰黑彩，常见弧线纹、弧线三角纹、网格纹、圆点纹、垂幔纹、水波纹、草卉纹等纹饰。另外，泥质陶中也有抹光灰陶和黑陶。部分

F6
House-foundation F6

H16
Ash-pit H16

Y15
Kiln Y15

M2
Tomb M2

陶器器耳较发达，鸡冠耳、鋬耳、纽形耳都有发现。可辨器形主要有侈口深腹罐、长颈圆腹罐、重唇口尖底瓶、平底瓶、折沿盆、卷沿盆、带流锅、钵、杯、器盖、陶球、陶环、陶拍等。

石器以磨制石器为主，也出有较多打制石器。石料多为硅质岩、石英、石英砂岩和页岩。磨制石器有斧、锛、刀、镰、凿、镞、锤、磨盘、磨棒、杵、笄、环、璧、纺轮等；打制石器有刮削器、小石片、细石核、细石叶等。此外，还有少量利用天然形状略做加工的大型石器，如带柄石斧、鹤嘴石锄等，这在四川均为首次发现。

骨器主要以动物肢骨加工而成，主要有骨锥、针、凿、削、刀、匕、镖、笄、环、骨柄石刃刀和其他骨饰品。也有少量制作精美的蚌、角及牙饰品。骨锥数量巨大，是为该遗址特色，制作精细、粗糙皆有。部分骨锥并未加工，只见轻微使用痕迹。骨锥锥尖有锋利、厚钝之别，后者应与出土的大量钻孔陶片有关。小型骨片长约1厘米，壁薄，刃端使用痕迹明显，部分骨片尾部有钻孔，可能为拴系所用。

而根据出土的抹光泥质陶器上的刮痕观察，也可能与这类骨片有关。

通过对出土动物骨骼初步辨识，有猪、羊、鹿、麂、獐、猩猩、豪猪、龟、鱼、禽类等，尤以羊、鹿、獐为大宗。

发掘中还发现有少量窑汗和沾有朱砂的石片。

前些年，在茂县营盘山遗址发现了常见于黄河流域的灰坑葬，这次在刘家寨遗址居址附近再次发现，为探讨川西北地区新石器时代晚期埋葬习俗提供新的材料。

概言之，刘家寨遗址文化内涵与营盘山、姜维城等遗址出土遗存相似，与甘青地区大地湾第四期、师赵村第四期、东乡林家及白龙江上游马家窑文化等遗存面貌相近，年代大体处于仰韶时代晚期。不过，刘家寨遗址遗存丰富程度超出川西北地区以往任何已发掘的同时期遗址，是四川境内一处极为重要的新石器时代遗址，对研究当地新石器时代晚期考古学文化及文化交流提供了珍贵的实物资料。

（供稿：陈苇）

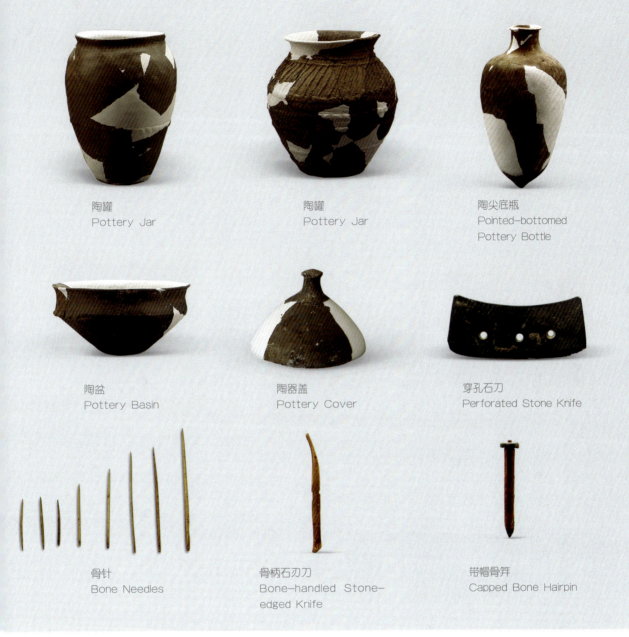

陶罐
Pottery Jar

陶罐
Pottery Jar

陶尖底瓶
Pointed-bottomed
Pottery Bottle

陶盆
Pottery Basin

陶器盖
Pottery Cover

穿孔石刀
Perforated Stone Knife

骨针
Bone Needles

骨柄石刃刀
Bone-handled Stone-
edged Knife

带帽骨笄
Capped Bone Hairpin

This site is situated at Liujiazhai on the second terrace in Ergali Township of Jinchuan County within Aba Tibet and Qiang Autonomous Prefecture, Sichuan Province. In September—November 2011 and May—September 2012, the Sichuan Provincial Institute of Cultural Relics and Archaeology, in coorperation with the Aba Prefectural and Jinchuan County Offices for the Preservation of Ancient Monuments, carried out two seasons of archaeological excavation. In the opened area of 3,500 sq m, they revealed 298 ash-pits, one ash-trench, 16 house-foundations, 26 pottery-making kilns, seven cooking stoves and two tombs, and brought to light above 6,000 small-sized pottery vessels and stone, hone and born objects. In cultural contents these remains are similar to the finds from the Yingpanshan and Jiangweicheng sites in Aba Prefecture and basically the same as those of the Majiayao Culture in Gansu and Qinghai region; and in date they go back roughly to the late Yangshao Age. As a very important Neolithic locality in Sichuan, the Liujiazhai Site provided valuable data for studying the late Neolithic local archaeological culture and its relations with other cultural complexes.

陕西神木
石峁遗址

SHIMAO SITE IN SHENMU, SHAANXI

石峁遗址位于陕西省榆林市神木县高家堡镇洞川沟附近的山梁上，地处黄河支流秃尾河及其支流洞川沟交汇处。遗址所在区域属于低山丘陵区，以黄土梁峁、剥蚀山丘、沙漠滩地为主，地貌沟壑纵横，海拔高度1100～1300米。

2011年由省、市、县三家文博机构组成联合考古队，对石峁遗址进行了区域系统调查，全面了解了遗址的分布范围和保存现状，发现了一处规模宏大的石砌城址。2012年，经国家文物局批准，陕西省考古研究院与榆林市文物勘探工作队、神木县文体局联合组队，对石峁遗址重点发掘及复查，取得了重要收获。

本次考古工作对城圈结构和城垣走向展开了细致勘查，确认石峁城址由皇城台、内城、外城三座基本完整并相对独立的石构城址组成。

皇城台位于内城偏西的中心部位，为一座四面包砌护坡石墙的台城，平面大致呈圆角方形，台顶面积8万余平方米。与内、外两城构筑方式不同的是，皇城台没有明显城墙，而均系堑山砌筑的护坡墙体，护墙自下而上斜收趋势明显，在垂直方向上具有层阶结构。

内城将皇城台包围其中，依山势而建，平面大致呈东北—西南向的椭圆形。城墙大部分处于山脊之上，为高出地面的石砌城墙，现存长约5700、宽约2.5米，保存最好处高出现今地表1米余。

外城系利用内城东南部墙体，向东南方向再行扩筑的一道弧形石墙，绝大部分墙体为高出地面的石砌城墙，现存长约4200、宽约2.5米，保存最好处高出现今地表亦为1米余。

本次调查发现的城墙越沟现象将石峁城址基本闭合起来，形成了一个相对封闭的独立空间，为探讨石峁早期地貌变迁及环境提供了重要资料。利用Arcgis系统测量及面积推算，内城城内面积约210余万平方米，外城城内面积约190余万平方米，石峁城址总面积超过400万平方米。另外，在皇城台和内、外两城城墙上均发现有城门，内、外城城墙上发现了形似墩台的方形石砌建筑，外城城墙上还发现了疑似"马面"的建筑。

图 例

- 房址
- 灰坑
- 窑址
- 墓葬
- 河流
- 民居
- 皇城台城墙
- 内城实测城墙
- 内城推测城墙
- 外城实测城墙
- 外城推测城墙

北

0   0.5   1km

石峁城址城墙分布图
Distribution of the City Walls of the Shimao City-site

本次还对外城东门进行了重点发掘。其位于外城东北部，门道为东北向，由外瓮城、2座包石夯土墩台、内瓮城、门塾等部分组成，这些设施以宽约9米的"『"形门道连接，总面积2500余平方米。从地势上来看，外城东门址位于遗址区域内最高处，地势开阔，位置险要。

门道内揭露出上、下两层地面。上层地面及其上层堆积内出土的遗物较为丰富，陶器有细绳纹高领鬲、方格纹单把鬲、花边鬲和宽流鬶、篮纹折肩罐等。下层地面上多见一些绳纹和篮纹陶片，数量略少，陶器主要为鬲和罐。上、下两层出土的陶器差异明显，分属我国北方地区常见的夏时期和龙山晚期遗存。因此，外城东门乃至整个石峁城址的年代当在龙山晚期至夏代早期阶段。

外瓮城平面呈"U"形，将门道完全遮蔽，但与门道入口处的2座墩台之间并未完全连接，南北两端留有通道。南北向石墙长约21、宽2.3米，南、北端石墙较短，与南北向石墙垂直，北墙长约8米，南墙损毁，残长约3米，两端石墙均

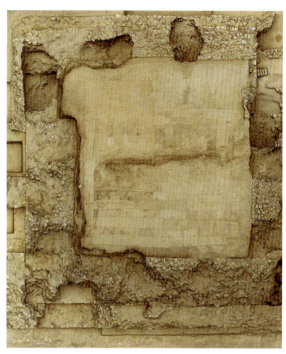

北墩台夯土遗迹
Vestige of Rammed Earth of the Northern Platform

F1及北墩台南侧主墙上的孔洞及朽木
House-foundation F1 and Holes and Rotten Wood in the Main Wall on the Southern Side of the Northern Platform

F7
House-foundation F7

人头骨堆
Heap of Human skulls

宽约3米。发掘表明，外瓮城在早期石墙倒塌之后进行过重建，晚期在其东南角处新建了一座石砌方形房址，门道向西，朝向城门。本次发掘所获玉铲、玉璜均出于外瓮城早期石墙北端的倒塌墙体和倒塌堆积中，南端墙体的倒塌堆积中发现阴刻石雕人头像残块。

夯土墩台以门道为界对称建于南北两侧，均为长方形，外边以石块包砌，墩台内为夯打密实的夯土，条块清晰、夯层明显、土质坚硬。夯台外围包砌一周石墙（暂称"主墙"），主墙墙体上发现一些排列有序的孔洞，其内见圆形朽木痕迹。这些朽木嵌入石墙内部，周围敷以草拌泥加固。在墩台外侧，即朝向城外的一侧墙体外围，还有一层石墙，将墩台东侧墙体以及东部两拐角完全包砌（暂称"护墙"）。护墙之下有一道与墙体走向一致的石块平砌的长方形平面，宽1.2～1.5米，形似"散水"。墩台朝向门道一侧的主墙上分别砌出3道平行分布的南北向短墙，隔出似为"门塾"的空间，南北各2间，完全对称，个别门塾还有灶址。门塾地面加工规整，踩踏痕迹明显，早、晚两期地面与门道对应。

北墩台顶部夯土长约16、宽约14米，主墙厚2.7～4.1、护墙厚1.5～2.8、散水宽1.2～1.5米，墩台最高处距龙山晚期地面约6.7米。紧贴西侧主墙又增修一道石墙，宽1.3米，将墩台西南拐角包砌。这道石墙修建于晚期地面之上，当为夏时期修葺增补而成。

南墩台顶部夯土长约17、宽约11米，主墙厚4.2、护墙厚2～2.5米，散水破坏严重，最宽处约1.3米，墩台最高处距龙山晚期地面约5.6米。夏时期在坍塌墩台西侧砌筑了一些护坡短墙，并利用墩台西侧的空间修建了一座类似庭院的独立空间，以石砌房址F7为主体。F7平面呈方形，面积约10平方米，屋墙宽约0.8、高约0.6米，门道向西，室外平铺石板，形成类似"庭院"的独立空间。F7内出土花边罐、细绳纹高领鬲等晚期陶器，院墙的倒塌堆积内发现有石雕人面像1件。

外城城墙与墩台两端接缝相连，墙体宽约2.5米，沿墩台所在山脊朝东北和西南方向延伸而去。

进入门道后，南墩台西北角接缝继续修筑石墙，向西砌筑18米后北折32米，形成门址内侧的曲尺形内瓮城。石墙墙体宽约2.5米，保存最好处高出龙山晚期地面4米余。这段墙体在门道内侧增修了一道宽约1.2米的石墙，两墙紧贴并行。结合门道内地层关系，这道增修的石墙修建于晚期地面之上，当属于夏时期修补遗迹。在此段石墙墙根底部的地面上，发现壁画残块100余块，部分还附着在晚期石墙的墙面上。这些壁画以白灰面为底，以红、黄、黑、橙等颜色绘出几何形图案，最大的一块约30厘米见方。

另外，值得注意的是，在下层地面下发现集中埋置人头骨的遗迹2处，均有24个头骨。一处位于外瓮城南北向长墙的外侧，另一处位于门道入口处，靠近北墩台。这两处人头骨摆放方式似有一定规律，但没有明显的挖坑放置迹象。经初

玉铲出土情况
Jade Spade in Excavation

外瓮城南端出土石刻人面像细部
Detail of the Stone-carved Human Face from the Southern End of the Outer Barbican

照壁北端倒塌墙体内出土玉铲
Jade Spade from the Collapsed
Wall-body at the Northern End
of the Screen Wall

北墩台散水上堆积内出土玉璜
Jade *Huang* Semi-disc from the
Accumulations on the Apron of
the Northern Platform

F7出土石雕人面像
Stone-carved Human Face
Unearthed from House-
foundation F7

后阳湾W2出土陶鬲
Pottery *Li* Tripod
from Urn-burial W2
at Houyangwan

呼家洼F3出土陶鬲
Pottery *Li* Tripod from
House-foundation F3
at Hujiawa

呼家洼F3出土陶斝
Pottery *Jia* Tripod
from House-foundation
F3 at Hujiawa

呼家洼F3出土陶尊
Pottery *Zun* Vase from
House-foundation F3
at Hujiawa

步鉴定，头骨以年轻女性居多，部分有明显的砍斫痕迹，个别枕骨和下颌部位有灼烧迹象。这可能与城墙修建时的奠基活动或祭祀活动有关。

本次还试掘了内城的几处地点，出土了一些龙山中期至夏时期的典型陶器。后阳湾地点遗存较为丰富，发现有房址、窑址、瓮棺葬、石棺墓等遗迹，其中瓮棺葬出土的陶鬲可见宽弧裆、瘤裆和尖角裆的演进关系。呼家洼地点揭露的一座房址内，修复了方格纹单把鬲、绳纹敛口斝、绳纹敛口甗和篮纹大口尊组合，与朱开沟遗址夏阶段器物组合特征相似。

石峁城址最早（皇城台）当修建于龙山中期或略晚，兴盛于龙山晚期，夏时期毁弃，是目前所见中国史前时期最大的城址。规模宏大的石砌城墙与以往发现的数量庞大的石峁玉器，显示出石峁遗址在北方文化圈中的核心地位。本次发掘不仅为研究石峁玉器的年代、文化性质等问题提供了科学的背景，更对进一步理解"古国、方国、帝国"框架下的早期文明格局具有重要意义。

（供稿：孙周勇　邵晶　康宁武　屈凤鸣）

For a long period of time the Shimao Site has drawn attention from academic circles for its distinctive jades. Through archaeological survey in 2011, it was for the first time ascertained to be a city-site. In 2012, the Shaanxi Provincial Institute of Archaeology, the Yulin Municipal Archaeological Exploratory Team and the Shenmu County Bureau of Culture and Sports carried out jointly selective excavation and resurvey. It was further understood that the city-site consists of an imperial-city platform, an inner city and an outer city and that it occupies an area of more than 4,000,000 sq m. Excavation at the eastern gate of the outer city revealed there a double-enclosure barbican, stone-covered earthen platforms and a gate house, and brought to light jade spades and *huang* semi-discs, wall paintings and stone human faces and other carvings, all having important value. In the inner city, trial excavation of some spots discovered vestiges from the mid Longshan Age to the Xia Period. The Shimao Site is the largest prehistoric city-site known so far in China. Its discovery not only provided scientific background for studying the date and cultural nature of Shimao jades, but has even greater significance to further understanding the pattern of early civilizations.

浙江萧山柴岭山、蜈蚣山土墩墓群

MOUNDED TOMBS ON CHAILING AND WUGONG HILLS IN XIAOSHAN, ZHEJIANG

　　柴岭山、蜈蚣山土墩墓群位于浙江省杭州市萧山区西部西山山脉柴岭山至蜈蚣山之间的山顶、山岗和山坡上，西北距钱塘江约8公里，东北距萧山区政府约5公里，北为湘湖风景名胜区，南为蜀山街道联华新村、黄家河村等。2011年3月，湘湖管理委员会山林队在蜈蚣山一带巡山时发现有人盗墓。2011年3月～2012年6月，经国家文物局批准，杭州市文物考古研究所联合萧山区博物馆对其进行抢救性发掘，共清理土墩37座，发现墓葬59座、器物群8个、窑址1座和灶1个，墓葬和器物群内出土器物867件（组），封土、填土和扰土中出土器物55件。

　　土墩平面形状有椭圆形、圆形和长圆形等，其中以椭圆形为主，长径6～38米，以7～9米为主。墓葬包括无石室土墩墓和石室土墩墓两大类。前者墩内不见石室，可分为平地堆土掩埋型、土坑竖穴型、石床型、石框型和木室型。后者墩内设明显的石室，用大小不一的石块垒砌而成，平面多呈长方形，中间设长条形墓室，一般由墓室、护坡、挡土墙和盖顶石等部分组成，墓室内平面有长方形、刀把形、"中"字形和亚腰形。

　　37座土墩中有14座存在一墩多墓的现象，共发现11组叠压、打破关系。墓葬和器物群可分成八期，分别为商代中晚期、西周早期、西周中期、西周晚期、春秋早期、春秋中期、春秋晚期和春秋末至战国初期。

　　D30M1为大型石床木室型土墩墓，时代为西周晚期。土墩平面略呈长圆形，长径38、短径16.2米，现存高约2.8米，封土可分为5层。墓葬由石床、白膏泥墓底、枕木、"人"字形木室和棺木等组成。

　　墓室结构为"人"字形木室，从保存较好的南部观察：枋木顶端平直，相互支撑构成墓室顶部，底端经过斜削直接与墓底紧密相贴。东西两壁的枋木均为双层结构，内层枋木未见明显加工痕迹，可能为直接利用原木搭建，西壁中北部的外层枋木可见明显加工痕迹，四面

D30M1墓室全景（南—北）
A Full View of the Burial Chamber of Tomb D30M1
(photo from south to north)

D30M1墓室西侧枋木（西—东）
Beam on the Western Side of the Burial Chamber of
Tomb D30M1 (photo from west to east)

D36M1石室（北—南）
Stone Chamber of Tomb D36M1 (photo from north
to south)

均极为平整，截面呈长方形，枋木之间连接紧密，木室底及上部铺有树皮。墓底石床上平铺一层厚10～25厘米的白膏泥，将石床小石块间的缝隙填满。白膏泥铺设范围大于石床范围并向外延伸。

"人"字形墓室结构最早发现于绍兴印山越王陵，其后也发现可能属于同种墓室结构的墓葬，如东阳前山越国贵族墓、安吉龙山越国贵族墓、句容及金坛市周代土墩墓、句容东边山D2M1、寨花头D2等，可见"人"字形的墓室结构是越地贵族使用的典型形制。印山越王陵是越王允常的"木客大冢"，时代为春秋末期，而D30M1的年代为西周晚期。因此，D30M1的发现为印山越王陵的埋葬制度，无论是"人"字形双层结构的木室、白膏泥的使用、木室顶部铺设树皮以便防水的设施，还是经过夯筑分层明显的高大封土，都提供了重要线索。此外，值得注意的是，D30M1南部墓底还发现开凿基岩的现象，这或许是墓葬向地表以下开挖墓坑最原始形态的

表现。

D36M1是一座大型石室土墩墓，时代为西周晚期。土墩平面略呈长圆形，长径35.5、短径23.5、高约3.75米。石室由墓道、门框、墓室、挡土墙、护坡和盖顶石组成，整体呈长方形，长23.1、顶部宽7、底部宽8.1、高2.5米。墓室内平面呈亚腰形，墓底为经过修平的整块基岩，其中东部平铺一层厚8～12厘米的青灰色湖底淤泥状土。D36M1在已发掘的石室土墩墓中属规模巨大者，仅次于常熟虞山西岭D1。其墓室底部发现的青灰色土在潮湿状态下呈青灰色，与湖底淤泥类似，质地绵软致密，在干燥状态下则呈灰白色。这种土与青、白膏泥的特性类似，它的铺设具有明显的防潮功能，这在以往的石室土墩墓资料中十分鲜见。

D35M1是一座石框型土墩墓，时代为西周晚期。土墩平面略呈长圆形，长径约17、短径8.58、高约0.9米，封土可分为3层。D35M1由墓道和石框两部分组成。石框直接建于基岩之

D36M1墓室（西—东）
Burial Chamber of Tomb D36M1 (photo from west to east)

D9M1（北—南）
Tomb D9M1 (photo from north to south)

D29M1（南—北）
Tomb D29M1 (photo from south to north)

上，内长8.12、内宽1.88、深0.35米，营建墓框时存在有意修整基岩的情况。墓道位于石框西端南侧，整体呈长方形，长3.64、上部宽1.6～1.95、底部宽1.44、高1.42～1.65米。底部用大小不一的石块垒砌成墓道框，外侧较规整，内部填石块和黄褐色土。上部用大小不一的石块垒砌而成，较为杂乱，未见明显规律，最外侧的石块垒砌稍整齐，石块之间填黄褐色土。这种石框前设置石砌墓道的葬制十分罕见，年代最早。

柴岭山、蜈蚣山土墩墓群出土器物十分丰富，除D10M1未见遗物外，其余各单位出土遗物数量不一，有原始瓷器、印纹硬陶器、陶器、青铜器、玉器和石器等。原始瓷器共659件，约占出土器物的76.1%，可分为15种器形，以小型的豆、盂、碗、盘为主。这些器物的胎质有疏松和坚硬之分，胎色有青灰色、灰白色和灰黄色等，制法有手制和轮制，纹饰有弦纹、旋纹、拍印纹和刻划纹等，其中186件器物上发现了刻划符号。印纹硬陶器共136件，约占出土器物的

15.7%，可分为8种器形，以盛储类的罐、坛、瓮、瓿为主，陶质均为硬陶，陶色以灰色和红褐色为主，亦见红色和灰黑色，制法多采用泥条盘筑法，纹饰多为拍印纹，有少量刻划纹和附加堆纹。

根据墓葬位置的选择、墓葬所在土墩的规模、墓葬自身的形制和随葬品的组合及其数量来看，墓葬可分为3个等级，分别是以D30M1和D36M1为代表的高级贵族墓、以D29M1、D31M1和D35M1为代表的贵族墓和以D6M1和D17M4为代表的平民墓。

柴岭山、蜈蚣山土墩墓群墓葬类型丰富，时代从商代中晚期一直延续到战国初期。它的发掘对构筑中国南方地区商周文化的发展序列、深入探讨南方地区商周时期的丧葬习俗具有重要意义。同时，墓地大量的出土器物也为研究中国原始瓷的起源、传播、制作工艺和印纹硬陶的流传、演变提供了重要的实物资料。

（供稿：杨金东　崔太全）

D21M2出土印纹硬陶罐
Pottery Jar of Stamped Hard
Ware from Tomb D21M2

D29M1出土印纹硬陶鼎
Pottery *Ding* Tripod of Stamped
Hard Ware from Tomb D29M1

D20M1出土印纹硬陶瓿
Pottery *Bu* Liquid Container
of Stamped Hard Ware from
Tomb D20M1

D20M1出土印纹硬陶罍
Pottery *Lei* Pot of Stamped
Hard Ware from Tomb D20M1

D26M1出土原始瓷盉
Proto-porcelain *He* Pot
from Tomb D26M1

D9M1出土原始瓷簋
Proto-porcelain *Gui* Food
Container from Tomb D9M1

D13M1出土原始瓷簋
Proto-porcelain *Gui* Food
Container from Tomb D13M1

D36Q1出土原始瓷盘
Proto-porcelain Dish from
Object-group D36Q1

The Chailing-Hill and Wugong-Hill mounded tombs are distributed on summits, ridges and slopes from Chailing Hill to Wugong Hill in western Xiaoshan District of Hangzhou City, Zhejiang Province. In March 2011 to June 2012, the Hangzhou Municipal Institute of Cultural Relics and Archaeology, in cooperation with the Xiaoshan Museum, carried out there salvage excavation. They cleared 37 mounds, discovered 59 tombs, eight groups of objects, one kiln-site and one cooking stove, and brought to light 867 pieces/sets of objects from tombs and object groups and 55 artifacts from mounds, earthen fillings and disturbed earth. These tombs are rich in type and can be dated to the time from the mid and late Shang Period to the early Warring States Period. Their excavation is of great significance to establishing developmental sequence of Shang-Zhou Period cultures in South China and to deep-going researching into the burial customs of those times in that region.

山东沂水
纪王崮春秋墓葬

SPRING-AND-AUTUMN PERIOD TOMB AT JIWANGGU IN YISHUI, SHANDONG

纪王崮位于山东省沂水县城西北40公里处的"天上王城"景区内，隶属泉庄镇。"崮"是沂蒙山区特有的一种地质景观，其特点是山顶部平展开阔，周围为峭壁，向下坡度由陡至缓。纪王崮崮顶面积约45万平方米，是"沂蒙七十二崮之首"。

2012年初，"天上王城"景区管委会在崮顶修建水上娱乐项目的施工过程中，意外发现了部分铜器及其残片，后确定其为一座墓葬（M1）。经国家文物局批准，2012年2～7月，山东省文物考古研究所联合当地文物部门，组成考古队对墓葬进行了抢救性发掘。

在纪王崮顶上，自南向北分布着三个大岩丘，分别称为"擂鼓台"、"万寿山"和"妃子墓"。本次发掘的墓葬位于"擂鼓台"北部，其北紧邻景点"天池"。

墓葬为带一条墓道的长方形岩坑竖穴木椁墓，由墓道、墓室及附属的车马坑（K1）三部分组成。其最大的特点是墓室与车马坑共凿于一个岩坑之中，南部为墓室，北部为车马坑。坑口部整体呈长方形，南北长约40、东西宽约13米，坑壁斜向内收。墓葬破坏程度较为严重，但主墓室部分保存较好。

墓道向东，位于墓葬东南部，正对内椁室，呈东高西低的斜坡状，与墓室交接处被施工破坏。东西残长4、南北宽3.6米。

椁室位于墓室中部，由外椁和内椁构成。外椁北部及东部被施工破坏，从残存痕迹推断，其南北长10.7、东西宽5米。内椁位于外椁中部，东部被施工破坏，平面呈长方形，东西长3.26、南北宽1.94米，盖板横向排列，塌落在棺上，其底部分别横向放置两根南北向垫木。内椁南、北各有一边箱，在内椁与边箱之间及内椁西侧各有一殉人坑。内椁下见殉犬一只，应象征"腰坑"，但没有发现明确的范围。

棺室为重棺，位于内椁中部，皆为长方形。外棺木质已朽，仅存木灰和漆皮，东西长2.5、南北宽1.35米。内棺腐朽严重，仅存两端端板，部分侧板只存少许木质残迹，东西长2.25、南北宽1～1.04米。棺上髹有较厚的红漆和黑漆。在棺内底部铺有一层厚约6厘米的朱砂。人骨已腐朽不存，仅在头部发现一些灰白色粉末，应是墓主的头骨残痕。根据朽痕和头饰、项饰分析，墓主头向东，但葬式不清。在墓主人骨架周围发现大量朱砂，并出土大量玉器，有玉琮、玉戈、玉虎、玉人、玉觽、玉璜、玉环、玉玦及玉牌饰等，另有玛瑙珠、绿松石饰件和骨珠等。

3个殉人坑皆有一棺。内椁南北两侧的殉人头向东，西侧的殉人头向南而面向东。在南侧殉人的左下肢处，随葬铜舟1件。

南边箱为木质结构，东西长3.6、南北宽1.7米。箱上部有一层厚5～9厘米的动物肋骨和肢骨。其下，陶器出土位置的东部，有一层较厚的鱼类等小动物的骨骼。其中，部分鱼骨架相对完整。由于骨骼较细小，有的已散落于器物下方及其周围。箱内随葬有陶器、铜器和漆器。铜器均锈蚀较为严重，有鼎、鬲、盖豆、罍各7件，铜敦3件，另外，还有小铜鼎5件。陶器仅有罐7

件。漆器皆已完全腐朽，仅存痕迹，器形难辨。

北边箱亦为木质结构，东西残长3.46、南北宽1.6米。北边箱内出土铜器有錞于2件、甬钟一套9件、镈钟一套4件、纽钟一套9件、舟4件及铙、甗、罍、壶、盘、匜各1件，还有剑、钺、斤、镞、凿等。此外，还出土石磬一套10件和古瑟1件。施工破坏出土的铜器有盂、鼎、豆炉、罍、剑、箕、盘各1件，其中，铜鼎铭文5行，共27字（含两字重文）：“华孟子作中叚氏妇中子媵宝鼎，其眉寿万年无疆，子子孙孙保用享”。铜盂铭文7行，共38字（含两字重文）：“惟王正月初吉丁亥，邛白厚之孙虆君季[illegible]自作浣盂，用祀用飨，其眉寿无疆，子子孙孙永宝是尚”。

墓室东侧的二层台被施工破坏，仅存东南角。西侧二层台完整，其底面经过焚烧，局部已形成红烧土面。其上发现大量动物骨骼、牙齿及碎陶片等。

车马坑位于墓室北部，南、北两侧均被部分破坏，南北残长7.5、东西上口宽4.1～4.4、底宽3.6米。残存马车4辆,中间两辆保存相对完整。每辆车由两匹马驾驭，马骨保存较好，木质车体腐朽严重。马车为独辕，由车衡、车軜、车舆、车轮等构成，马头部有马饰、马镳等，颈部套一圈铜串珠，车衡位置有车軏等。在2号车内出土鼎、鬲、敦3件车载青铜礼器，这种现象非常少见。

车马坑西侧有二层台与墓室的西二层台相连，其东侧还有一利用页岩形成的相当于“生土”的二层台。东侧二层台顶面不平整，可见多处凹槽，在凹凸的平面上分布成排成列的柱坑，坑中部为柱洞。

根据墓葬形制判断，M1的年代应为春秋中晚期。从墓葬的结构、出土器物（例如七鼎）来看，其等级较高，应是诸侯或其夫人之墓。据清代康熙十一年（1672年）《沂水县志》记载，纪王崮“在县西北八十里，巅平阔，可容万人，相传纪侯去国居此”。而据考古发现，此墓却带有许多莒地风格。因此，墓葬性质还有待进一步研究和新的考古发现。

纪王崮春秋墓葬规模大、等级高、结构特殊、出土器物丰富且时代明确，是山东近几年来东周考古最重要的发现之一，对研究该地区历史和春秋时期的政治、经济、文化及工艺技术、墓葬制度等具有重要价值。

（供稿：郝导华　李顺华　孔繁刚）

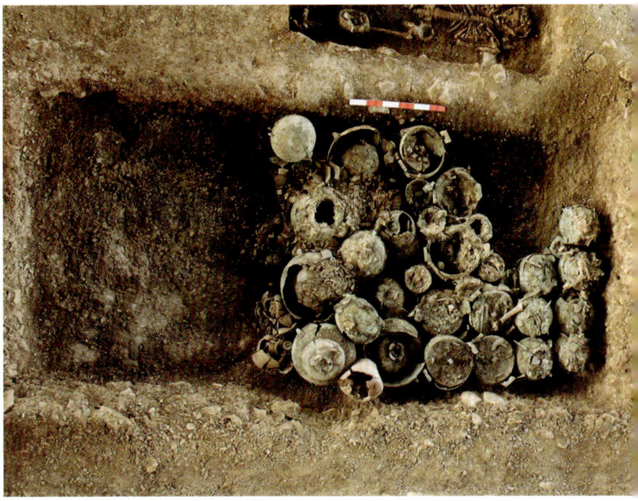

南边箱
Southern Side Cabin

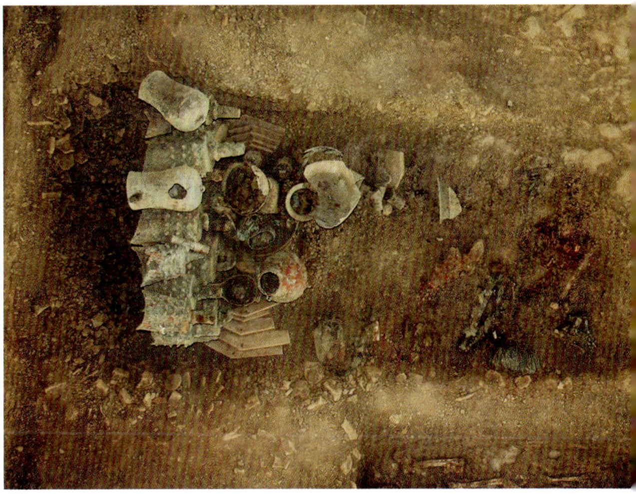

北边箱
Northern Side Cabin

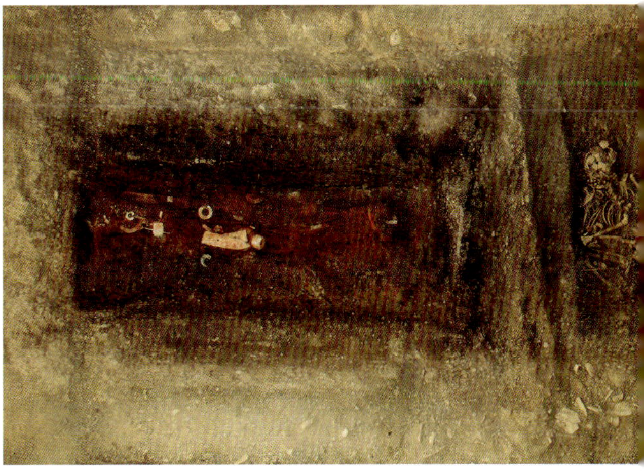

棺室
Coffin Room

铜錞于
Bronze *Chunyu* Cylindrical Bell

铜鬲
Bronze *Li* Tripod

铜鼎
Bronze *Ding* Tripod

铜壶
Bronze Pot

铜敦
Bronze *Dui* Semi-spherical
Food Container with a
Cover in the Same Shape

铜镈
Bronze *Bo* Large Bell

铜节约
Bronze Halter-ornament

铜衡饰
Bronze Crossbar-ornament

玉人
Jade Human Figure

玉鸟形饰
Bird-shaped Jade Ornament

玉觿
Jade *Xi* Knot-untying Tool

玉戈
Jade *Ge* Dagger-axe

车马坑
Horse-and-Chariot Burial Pit

车马坑东侧柱坑及柱洞
Post Pits on the Eastern Side of the Horse-and-chariot Burial Pit

棺下殉狗
Dog Victim beneath the Coffin

The Jiwanggu Tomb of the Spring-and-Autumn Period lies at Quanzhuang Town, in the scenic spot named "Royal City in Heaven" 40 km northwest of the seat of Yishui County, Shandong Province. In February—July 2012, the Shandong Provincial Institute of Cultural Relics and Archaeology, in cooperation with the local antiquarian office, carried out salvage excavation of the tomb. This is a rock-cut rectangular shaft with a wooden chamber, a tomb-passage and a horse-and-chariot burial pit, and with the human corpus burial part and the horse-and-chariot one made in a rock-cut pit as the most notable distinctiveness. Although the tomb has been seriously damaged, its main chamber remains in relatively good condition and yielded a number of objects, including pottery, bronzes, jades and lacquered ware, among which the ritual bronzes *ding* tripod, *li* tripod and *dui* Semi-spherical food container with a cover in the same shape yielded from the No. 2 chariot of the horse-and-chariot pit are rare finds. Large in scale, high in rank, distinctive in structure and rich in funeral furniture, the Jiwanggu tomb of the Spring-and-Autumn Period stands among the most important discoveries in the archaeology of Eastern Zhou Period. They have great significance to researches on Shandong history, as well as on the politics, economy and culture of that region in the Spring-and-Autumn Period.

山东临淄

齐国故城10号宫殿建筑遗址

NO.10 PALACE BUILDING SITE ON THE QI STATE CAPITAL-SITE IN LINZI, SHANDONG

齐国故城遗址位于山东省淄博市临淄区中部，是周代至汉代著名的临淄城所在地。城分大城和小城，大城东临淄河，小城位于大城西南部，是战国时期齐国的宫城。10号宫殿遗址位于小城的东北部，东距小城东墙约300米，西南方向不远处即为著名的桓公台宫殿建筑遗址区，北距小城北墙约200余米。20世纪60年代，山东省文物部门通过系统勘探工作得知此地为一处重要的夯土建筑基址，面积超过1万平方米，依据工作顺序将本次发掘地点命名为齐国故城10号遗址。遗址整体地势明显高出周边地区，当地俗称"金銮殿"。

2011年山东省文物考古研究所曾对10号遗址进行了考古调查和勘探，对其面貌有了一定了解。2012年4~7月，经国家文物局批准，山东省文物考古研究所在临淄区文物部门的大力协助下，对遗址进行了考古发掘，发掘面积2000平方米，对遗址中心的战国夯土台基进行了局部重点揭露，同时发现和清理了战国至汉代修补夯土1处、汉代水井3口、汉代墓葬2座以及宋代墓葬7座。

本次发现的夯土建筑分为早、晚两期。早期为战国夯土台基，从结构上可分为中心夯土台与外围夯土两部分。两部分同时在生土上起夯，通过局部解剖观察：二者底部以圆木穿垫，中间隔以木板，待至一定高度后，外围夯土做出平面，中心夯土继续向上夯筑成为台基。外围夯土探得主体部分大致为方形，边长约130、厚约1米，夯层厚6~20厘米，夯土面平整，距现地表1.9~2.4米。除南端较整齐地铺以大型石板外，发掘区内其他部位的外围夯土平面上均未见与建筑相关的遗迹现象。

中心夯土台形状较复杂，主体为长方形，南部凸出，北部凹进，东、西两侧的北部各向外延

伸，平面大体呈中轴对称。台基边缘皆为直边，转折部位均为直角。台基主体部分南北长约64、东西宽约80米。南部中间略偏西处凸出长约23.5、宽约11米的"通道"；北部凹进部分大体居中，凹进深约20、宽约27米。如将东、西两侧北部向外延伸部分统计在内，台基总体宽约118米。由于在二十世纪六七十年代历次平整土地的活动中，夯土台基上部遭到严重破坏，本次发掘未发现任何与台上建筑有关的迹象。现存台基平面上可观察到较明显的夯窝，夯窝为圆形圜底，直径6~9厘米，经局部解剖可知夯层厚6~12厘米。中心夯土台基周边和外围夯土面上普遍发现厚度达30厘米以上的淤泥层，应是较长时间积水所致。

夯土台基实测现存最高3.04米。台基外壁保存情况较好，可观察到相对清晰的立柱和横板痕迹。柱痕剖面有方形和圆形两种，方形柱宽22~30厘米，圆形柱直径30~40厘米，柱距90~103厘米。横板痕迹宽24~32厘米。据此可以推测，台基使用时应是周围立以木柱，柱间再加装横板，这种措施既能保护夯土壁面，也能起到装饰作用。

晚期夯土年代为战国至汉代，分布于战国夯土台基北部凹进的范围内，推测其性质为对战国夯土台基再次利用而进行的补夯。夯窝较大，夯打质量不高，西部被西汉晚期水井打破。后补夯土下的垫土层自夯土台基边缘向斜下方倾斜，其中夹杂大量瓦片、烧红墙体、炭化木块及铜铺首，推测其应为台基上的殿堂建筑遗存。

垫土层下部发现保存较好的大型彩绘木门遗迹1处，门为对开，现存一扇，木制门板已腐朽殆尽，仅存彩绘痕迹。门高278（不含门轴）、宽155厘米，据遗留痕迹推测，其厚约10厘米。彩绘图案

分为边框和门板两部分，边框宽约20厘米，白地红彩，饰两行相对的卷云纹，门板饰黑红相间纹饰。

本次发掘还在贴近中心夯土台基边缘处发现长条状人工沟9条，多数沟一侧紧贴夯土台基外壁，边缘整齐且并未破坏壁面，另一侧边缘不规则。沟深度不一，有的地方下挖至生土面。这些长条状沟应是台基上建筑毁弃后为获取木材所挖。清理这些人工沟后发现，大多数柱痕下方对应的生土面上铺有柱础石或枕木，其中，铺设础石的情况仅见于台基向南凸出部分的外缘，础石向上一面平整，平面形状多不规则。

战国夯土台基周围的垫土层及人工沟中出土大量遗物，以陶质建筑材料为主，有板瓦、筒瓦、瓦当等。出土板瓦中，最大者长80、宽36厘米。筒瓦一般长约44、宽约16厘米。筒瓦和板瓦的瓦背皆饰绳纹。瓦当几乎全部为半圆形，素面，当面宽15.6～17.2厘米，仅见一件半圆形压印席纹瓦当。出土铜器有铺首衔环和节约。其中，铺首衔环发现数量较多，器形可辨者共40件，另有部分单独出土的铜环及铜环残件。大部分锈蚀严重且经高温熔化发生变形，少数保存较好，图案清晰，铺首正面均饰由繁复的蟠螭纹构成的兽面。根据外形特征不同，可分为四型。彩绘木门下发现的铺首器形最大，兽面宽21、高16.5厘米，与门的规格相符。节约有直筒形和拐角形两种，截面均为半圆形，正面饰镂空纹饰，背面平素无纹，设有长方形穿孔。此外，台基周围的淤泥层中还出土了数量较多的战国陶罐。

清理汉代水井3口，其中2口有陶制井圈，井圈直径分别为1米和1.12米。J2深5.8米，井中出土大量砖、瓦及陶质井圈残块，砖包括铺地砖、空心砖、拐角形砖等，绝大多数带有纹饰。J2下部保存7节完整的井圈，上盖大型空心砖3块，砖三面饰有柿蒂纹与4个"S"形环绕圆点纹相间分布的图案。井内出土瓦当数量较多，多为圆形，纹饰主要为云纹和葵纹。

另外，本次发掘还清理汉代土坑墓1座、瓮棺墓1座、宋代砖椁墓4座、土坑墓3座。这些墓葬规模均较小，有的无随葬品，有的仅随葬一件陶罐及数枚铜钱。

通过发掘，我们基本掌握了10号宫殿建筑遗址的大致情况：遗址中央为战国时期修筑的夯土台基，平面总体南北长87.5、东西宽113米，规模宏大；台基虽仅有一层，但高度在3米以上，且周围壁面立柱镶板，装饰完善；台上建筑已无法复原，但出土的彩绘木门以及纹饰繁复的铜构件，反映了建筑具有相当高的规格。10号宫殿遗址位于战国齐

夯土台基角柱痕迹
Traces of a Corner Column on the Rammed-earth Platform

北部夯土台基壁面
Surface of the Northern Side of the Rammed-earth Platform

台基南端地面铺石
Stone-paved Floor at the Southern End of the Platform

国宫城东北部，西望桓公台宫殿建筑群，应为战国时期齐国的一处重要宫殿遗存。台基周围堆积的大量烧红夯土墙体、瓦片、木炭及熔化变形的铜构件表明，台上建筑曾经历大火。据《史记·燕召公世家》记载，战国晚期乐毅伐齐"入至临淄，尽取其宝，烧其宫室宗庙"。这座战国宫殿建筑的烧毁是否与战争中燕军的劫掠纵火有关，尚待进一步的考证与研究。

（供稿：魏成敏 吕凯）

G2底部枕木痕迹
Traces of Supporting Beams on the Bottom of Groove G2

G4及夯土台基边缘石柱础
Groove G4 and Stone Column-plinths on an Edge of the Rammed-earth Platform

G9及台基边缘础石和铺石
Groove G9 and Supporting and Surface-paving Stones at an Edge of the Platform

夯土台基面上的夯窝痕迹
Traces of Ramming on the Surface of the Rammed-earth Platform

夯土台基夯层
Rammed-earth layers of the Platform

铜铺首
Bronze Door-knocker

铜铺首
Bronze Door-knocker

铜节约
Bronze Halter-ornament

拐角形铜节约
L-shaped Bronze
Halter-ornament

陶罐
Pottery Jar

陶罐
Pottery Jar

筒瓦
Cylindrical Tile

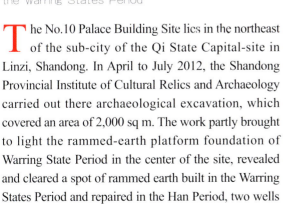
战国彩绘木门遗迹
Traces of a Color Painting on a Wooden Door of
the Warring States Period

汉代水井J2
Well J2 of the Han Period

The No.10 Palace Building Site lics in the northeast of the sub-city of the Qi State Capital-site in Linzi, Shandong. In April to July 2012, the Shandong Provincial Institute of Cultural Relics and Archaeology carried out there archaeological excavation, which covered an area of 2,000 sq m. The work partly brought to light the rammed-earth platform foundation of Warring State Period in the center of the site, revealed and cleared a spot of rammed earth built in the Warring States Period and repaired in the Han Period, two wells and two tombs of the Han Period and seven tombs of the Song Period. The unearthed objects are mainly pottery building material, including flat and cylindrical tiles and semi-circular plain tile-ends. In addition, there remain a lot of bronze door knockers with exquisite designs and halter ornaments. Large in scale and fine in decoration, the No. 10 Palace must have been an important palace building of the Qi State in the Warring States Period. The excavation of its ruins provided important data for studying the form, structure and building techniques of platform-style buildings in the Warring States Period.

河南南阳
文坎遗址东周楚墓

CHU STATE TOMBS OF THE EASTERN ZHOU PERIOD ON
THE WENKAN SITE IN NANYANG, HENAN

文坎遗址位于河南省南阳市淅川县滔河乡文坎村丹江河南岸。遗址于2011年丹淅流域考古调查时发现，发现时遗址大部分被文坎村房屋占压，地表可采集到东周时期鬲口沿、鬲足等遗物。遗址属南水北调中线工程丹江库区淹没区，中心最高处海拔164米。

2012年4～11月，河南省文物考古研究所对文坎遗址进行了抢救性考古勘探和发掘，发掘面积5000平方米，清理遗迹包括石家河文化灰坑、灰沟，二里头文化灰坑，西周时期灰坑，以及东周时期房基3座、灰坑10个、灰沟2条、墓葬45座、车马坑2座和东汉晚期墓葬15座，出土陶、石、骨、玉、铜等各类遗物共350余件，其中青铜器100余件。

本次发掘的重要收获是45座东周楚墓。墓葬分布在整个发掘区，全部为土坑竖穴墓，墓向为南北向，呈东西排列，保存完整。根据墓葬的大小可分为甲、乙两类。

甲类：大部分集中分布在发掘区西部，共16座。墓坑长4米以上，宽2米以上，深5米以上。

墓葬之间没有打破关系，平面基本为长方形，有腰坑。葬具均为木质棺椁，多数棺上有彩绘痕迹。随葬品数量不等，以青铜器为主。

M10，开口于第1层下，被M3打破。墓口距地表0.3米，平面为长方形，长4.3、宽2.2米，墓深5.5米，方向15°。四壁略内斜，较粗糙，平底，有腰坑。填土为五花土，夹杂鹅卵石。葬具为木质棺椁，残存朽痕，椁长3、宽1.4米，棺长1.9、宽0.6米。墓主骨骼残存腿骨，头向北。随葬品19件，有铜鼎2件、铜簠2件、铜匜1件、铜盘1件、铜缶2件、铜环3件、铜马衔4件、石铲2件、石斧1件、玉饰1件，放置在墓主头部棺椁之间。

M36，开口于第1层下，被M3打破。墓口距地表0.3米，平面为长方形，长4.4、宽2.5、深4.2米，方向10°。墓壁为直壁，加工规整，平底，底部铺有细且纯净的黄砂，南北各有一宽20、深5厘米的垫木凹槽。填土为五花土，较硬。葬具为木质棺椁，残存朽痕，椁长3.1、宽1.55、高1米，棺长1.9、宽0.62、残高0.5米，棺上残存有彩绘痕迹。椁下中间有长径0.7、短

文坎遗址发掘西区
Western Excavation Area on the Wenkan Site

径0.5、深0.25米的椭圆形腰坑，坑内殉狗，狗头朝北，背朝西，腿向东。墓主骨骼保存较差，仰身直肢，头向北。随葬品13件，有铜鼎2件、铜簋2件、铜缶2件置于墓主头部的棺椁之间，铜马衔4件、石璧1件、石圭1件放于棺上，玉璜1件置于棺内墓主胸部。

M42，开口于第1层下，墓口距地表0.3米，平面为长方形，长4.6、宽3、深5米，方向15°。墓壁为直壁，加工规整，平底，底部南北各有一宽10、深5厘米的垫木凹槽。填土为密实五花土。葬具为木质棺椁，残存灰痕，椁长3.4、宽1.6、高0.8米，棺长2.1、宽0.65、残高0.3米。椁下中部有椭圆形腰坑，长径0.4、短径0.25、深0.1米，坑内殉狗，狗头朝北。墓主为仰身直肢，骨骼保存一般，头向北，面向东。随葬品25件，有铜鼎2件、铜簋2件、铜缶2件、铜敦1件、铜匜1件、铜盘1件置于墓主头部的棺椁之间，铜铃5件置于棺椁之间四角，玉璧1件置于棺上，料管2件、玉坠饰1件、玉管饰2件、料珠4颗、玉珠1颗、玉璜1件、绿松石管饰3件、玛瑙柄形饰2件置

于棺内。随葬品多数残破，可修复。

从甲类墓葬的建筑方法、埋葬习俗、出土青铜器的组合及特征来看，年代应为春秋至战国时期，墓主地位较高，应为当时楚国的贵族阶层。发掘出车马坑2座：车马坑1，位于M10的东南，四马驾一车；车马坑2，位于M35的东北，六马驾一车。推测为甲类墓的陪葬坑。

乙类：分布在发掘区中东部，共29座。墓坑长3.5米以下，宽2米以下，深4米左右。墓葬之间没有打破关系，平面基本为长方形，个别墓葬有壁龛。葬具均为木质棺椁。随葬品以陶器为主。

M5，开口于第1层下，平面为圆角长方形，长3.3、宽1.8、深4.3米，方向30°。墓壁略外张，加工规整，平底，底部南北各有一宽12、深8、长115厘米的垫木痕迹。填五花土，较硬。葬具为木质棺椁，残存灰痕，椁长3.05、宽1.15、高0.7米，棺长2.05、宽0.6米。墓主骨骼保存较差，侧身直肢，头向北。随葬品2件，有内放兽骨的陶鼎和鹿角各1件，放置于棺椁之间、墓主头部。

　　M26，开口于第1层下，墓口距地表0.35米，平面为圆角长方形，长2.8、宽1.2、深1.7米，方向15°。墓壁为直壁略内收，平底。填五花土，较硬。葬具为木质单棺，长2.4、宽0.6、高0.3米，残存极薄的深灰色木灰痕。墓主骨骼保存较差，头向北。随葬品3件，有陶鬲、盂、罐各1件，置于墓主头部。

　　M30，开口于第1层下，墓口距地表深0.3米，平面为长方形，长2.8、宽1.2、深0.7米，方向10°。南北壁较直，东西壁略外张，平底。填五花土，较硬。葬具为木质单棺，残存灰痕，长2.35、宽0.8、残高0.4米。随葬品4件，陶壶2件和鼎、豆各1件，置于墓主头部。

　　从乙类墓葬的建筑方法、埋葬习俗、出土陶器的组合及特征来看，其年代应与甲类墓相当，但等级较低。

　　本次调查发掘掌握了文坎遗址的分布范围及文化内涵。遗址东起文坎村旧址东，北至丹江河南岸边，西至文坎村旧址西，南到距丹江河岸边200米，面积约6万平方米，是以东周及东汉晚期墓葬为主的文化遗存，还包括少量石家河文化、二里头文化、西周时期的遗迹遗物。本次发掘的东周楚墓为研究楚国或附属方国的社会、经济、文化、葬制及葬俗提供了重要材料，也是南水北调中线工程考古发掘的又一次重大发现。

（供稿：韩朝会）

车马坑发掘现场
Excavation-site of a Horse-and-chariot Burial Pit

M42
Tomb M42

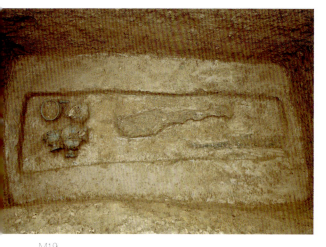

M19
Tomb M19

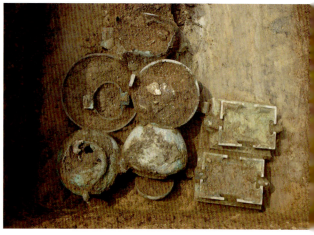

M35铜器出土情况
Bronze Objects in Excavation from Tomb M35

M38出土铜壶
Bronze Pot from
Tomb M38

M41出土铜缶
Bronze *Fou* Pot from
Tomb M41

M41出土铜斗
Bronze *Dou* Wine Vessel
from Tomb M41

M41出土铜戈
Bronze *Ge* Dagger-axe
from Tomb M41

M34出土铜矛
Bronze Spear from
Tomb M34

M41出土铜车軎、铜车辖
Bronze Axle-cap and Axle-
linch-pin from Tomb 41

M41出土玉璜
Jade *Huang* Semi-disc from Tomb 41

M34出土石戈
Stone *Ge* Dagger-axe from Tomb M34

In coordination with the preservation of cultural relics in the area going to be inundated by the Danjiang Reservoir in the middle line works of the Project of Shifting Southern Water to the North, In April to November 2012, the Henan Provincial Institute of Cultural Relics and Archaeology carried out salvage archaeological survey, drilling-exploration and excavation on the Wenkan Site in Xichuan County of Nanyang City, Henan Province. It cleared the limits of the site and the distribution and date of its cultural remains. The excavation resulted in the discovery of House-foundations, ash-pits, ash-trenches, tombs and horse-and-chariot burial pits of the Shijiahe Culture, Erlitou Culture, Zhou Period and Eastern Han Period. Of them the Chu State tombs of the Eastern Zhou Period are regular in arrangement, good in condition and rich in funeral objects and can be ascertained to be an aristocratic graveyard. They provided important data for studying the society, economy, culture and burial institution of the Chu State or its local dependency, and thus constitute again an important archaeological discovery in the middle line works of the Project of Shifting Southern Water to the North.

河南信阳
楚城阳城遗址

CHENGYANGCHENG CITY-SITE OF THE CHU STATE IN XINYANG, HENAN

城阳城遗址位于河南省信阳市北25公里处的淮河上游左岸的一处土岗上，地势较高，十字江从遗址西部、北部流过。城址现存部分平面呈曲尺形，地势西高东低，可分南、北两城，北城较南城大。西城墙南段及南一城墙西段保存较好，其余城墙保存较差，多呈漫坡状，仅可大致判断走向。

20世纪50年代以来，西南岗墓葬区陆续清理出了几座大型楚墓，引起学术界的关注，文献考证已将墓葬区东北部的城址确定为楚顷襄王郢破之后

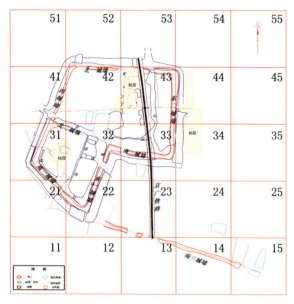

遗址分区与城内遗迹分布
Functional Division of the Site and the Distribution of the Cultural Remains in the City

"流掩"的都城——城阳城。

从2009年开始，为了实施国家文物局课题——"信阳地区先秦城址考古学调查"项目，河南省文物考古研究所对城阳城遗址进行了系统的考古工作，完成调查、勘探面积135万平方米，发掘面积近900平方米，初步搞清了城墙的年代、城址的范围以及城内外遗存分布。

经过勘探，南、北两城的各段城墙、城壕首次被确认，各段城墙保存状况不一，以西城墙南段与南一城墙西段保存最好，其中最为重要的是南三城墙的发现和确认。该段城墙位于南城外东部、邱庄以东，残长1030米，墙垣自西向东渐薄，有的墙垣两侧发现有护坡，至墙垣东端则为淮河故道。

勘探发现，城墙依地势修建，以防守为要务。以北一城墙为例，地势西高东低，夯土不连续，东部夯土最厚1.9米，自东向西夯土渐薄，至西端则不见夯土。这表明，北城墙的修建充分利用了原有地势，地势高处无需或很少夯建，地势低处则使用夯土防固。南一城墙则稍有不同，其地势西高东低，落差较大，但是即使是西部地势最高处的夯土也较厚，保存下来的城墙也较东部好。究其原因，可能是南一城墙外围地势平坦，防守难度大，而北一城墙外围临近十字江，防守难度小。因此，城墙修建过程中不仅利用了原有地势，也充分考虑了防守的需要。

城壕与城内发现的灰沟相互贯通，宽23～55米。西城壕的南、北两段并未直线汇通，而是折而

向西25米处汇通，借助地势向西北下泄。

城内发现9条灰沟。其中G3将南、北两城分开，北城东部发现南北向的G1，北部打破北城墙形成"北出口"，南部与G4相通，向南从南二城墙下穿过，与南二城壕及东二城壕相通。南城东部由数条灰沟将该处分割成南、北两片相对独立的区域，其中北片由G3、G5、G9、G8组成，夯土基址3位于最北端；南片由G6、G7、G8、G9组成，面积较大，内部不见文化层。

城内大型夯土基址集中分布在南城北部，总面积超过7300平方米。平面形状不规则，外侧多有灰沟围绕，基址之间不见叠压打破关系。夯土基址1位于南城西片北部的一处高台上，北部稍高，向南渐低，其东部中间有未夯空隙，向东隔G5与夯土基址3相望，北部亦分布有灰沟，凸显其重要性。该基址东西最宽100、南北最宽123.2米，面积达6500平方米。夯土为红褐色，致密，含少量红烧土颗粒，厚0.7~0.8米。

此外，城内还发现6个灰坑，零散分布在南城南部、北城西部等区域。城内发现3处面积较大的文化层，总面积超过6万平方米，2处位于北城，1处位于南城。

南、北两城的外围发现文化遗存较为丰富，有灰坑、灰沟、陶窑、文化层、夯土基址、房基等。这些遗存集中分布在北城的北部、东北部与东南部。城址东部由于被村庄占压，无法钻探。

与勘探同时，我们还发掘探沟7条、探方2个，取得了重要收获。

对西城墙的发掘表明，城墙依地势而建，先修整土岭，开挖至深褐色生土，然后将黏硬度很大的深褐色生土掺杂白土、灰白土，分块、分层夯筑。夯土比较纯净，少见包含物，显然经过精心筛选。夯层结构紧密，厚约0.1米。护坡中发现有较浅的褐色绳纹板瓦。城墙年代当不晚于战国晚期，或可早到战国中期。北一城墙的年代与之相当。

TG3的发掘使南三城墙得到确认。其夯层为黄白、黄褐土相杂，致密，较为纯净，厚0.06~0.35米。墙垣上口宽7.4、下口宽11.8、厚0.28~0.95

东二城壕（南—北）
Secord Eastern Defensive-trench
(Photo from south to north)

西城墙护坡
Slope Protection of the
Western City-wall

护坡

米。墙垣南、北两侧都发现有护坡，其中南侧护坡保存较好，北侧护坡被灰沟打破，保存较差。夯层内包含物极少，仅见零星陶片、炭粒等。两侧护坡及北部灰沟中出土较多的板瓦、大口鬲、小口鬲、细高柄豆、矮粗柄豆等残片。根据相关研究成果，可将南三城墙南护坡的年代定为战国早期前后，打破北护坡的灰沟年代稍晚，可定为战国早、中期之间，因而南三城墙的修建年代当不晚于战国早期。南三城墙的确认，使城址平面由原先认为的曲尺形变为近长方形，扩大了城阳城的范围与面积，而此城墙应是城址的外郭墙。

对北二城墙的发掘表明，此处为南、北两城分界的夯土墙垣，夯层厚度与夯土颜色较其余城墙并无二致，只是硬度较小，由此证明其功能分区的作用应该强于防御作用。南一城墙城门口处的发掘，没有发现道路迹象，却发现一条灰沟，年代从战国直至宋金时期，该沟与城内灰沟贯通。

通过考古发掘，我们可将城墙的年代推断为不晚于战国晚期，或可早至战国中期或早期。本次发掘为城阳城遗址的进一步研究提供了重要资料。

（供稿：武志江）

南三城墙
Third Southern City-wall

南一城墙剖面
Section of the First Southern City-wall

南三城墙夯土剖面（东—西）
Section of the Rammed-earth Courses of the Third Southern City-wall (photo from east to west)

北二城墙剖面
Section of the Second Northern City-wall

In 2009 to 2012, the Henan Provincial Institute of Cultural Relics and Archaeology conducted systematic archaeological work for researching into the Chengyangcheng City-site in Xinyang City. They cleared roughly the date of the city-walls, the limits of the city-site and the distribution of cultural remains inside and outside the city. Especially the ascertainment of the third southern city-wall enriched our knowledge of the scope and area of the city. According to results of archaeological excavation the city walls can be dated to the time no later than the mid Warring States Period and even to the early and mid period; and the demarcation between the southern and northern cities discovered before through surface survey can be affirmed to be rammed-earth walls through excavation. It provided archaeological evidence for the deep-going study and protection of the city-site.

河南南阳
夏响铺周代鄂国贵族墓地

E STATE ARISTOCRATIC GRAVEYARD OF THE ZHOU PERIOD AT XIAXIANGPU IN NANYANG, HENAN

夏响铺周代鄂国贵族墓地位于河南省南阳市新区新店乡夏响铺村北500米的南水北调干渠渠道内。墓地西边300米为夏响铺遗址，东边500米为襄汉漕渠项目，中心点地理坐标北纬33°07′013″，东经112°38′930″，海拔139米。

2012年4月15日，南阳市宛城区文化局发现南水北调夏响铺段干渠渠道内有古墓被盗，后南阳市文物考古研究所对被盗古墓（M1）和渠道内堆土进行清理，发现大量青铜器、玉器和漆木器等珍贵文物。经国家文物局批准，2012年5月，南阳市文物考古研究所对M1周围渠道内外进行勘探，共发现渠道内墓葬19座，渠道外68座。截至目前，渠道内墓葬已清理结束，出土一大批青铜器、陶器、玉器、漆木器等文物。

墓葬均为南北向的竖穴土坑墓。其中，M1、M6为大型墓，长超过5、宽超过4、深超过8米，都保存有较好的木质棺椁，椁外有厚0.8~1米的青膏泥，青膏泥外四周有二层台。M2、M3、M4、M5、M7、M16、M19、M20为中型墓，长宽均约4米，都有木质棺椁朽痕、青膏泥、二层台等。余为小型墓，8座在M1北边东西排列在干渠北堤上，南端被破坏，2座在南渠堤上，长宽均为2米以下，葬具不明显，无随葬品或仅有一件陶器。

M1被盗掘到底，为一竖穴土坑墓，墓口长6.4、宽5.3米，墓底距地表8米多。有大型木质棺椁，椁外有厚约1米的青膏泥。从墓内填土和挖出的土堆上清理、拣选出一批青铜器、玉器等。铜器破坏严重，有的仅存残片。发现有铜鼎9件，其中7件形制和纹饰相同，仅大小有别，应为一套列鼎，有6件上有"鄂侯夫人"铭文；铜簠盖仅发现2件，上铸有"鄂侯夫人"铭文；铜鬲3件，形制及纹饰相同，口沿上有"鄂侯夫人"铭文；铜方壶盖2件，形制、纹饰、大小均一致，有"养伯辅"铭文；铜盘匜1套，匜残片上有铭文；三足铜器2件；铜簋2件；另外，还发现一批铜车马器。

M5、M6并列，M6在东，两墓相距1.5米，应为夫妻异穴合葬墓。M6为大型竖穴木椁墓，墓口长6、宽约5米，墓底距墓口深8.5米，四周及墓底有一层厚约0.8米的青膏泥。M6历史上曾被盗掘，随葬器物有铜器、玉器、漆器、木器等。铜器有鼎、尊、方彝、簋、簋盖、熏炉盖、觯、鹤首各1件，编钟一套6件，上有"鄂侯"铭文，铜铃钟一套5件，铜铃一套9件，还有车马饰等。玉器有戈、玦、珠、觿等。漆木器有木俑2件，漆簋、豆等。其中发现的3件带木柄铜戈、2件带木柄铜策十分珍贵。M5为中型竖穴土坑墓，一棺一椁，出土铜器有鼎、鬲、簋、簠各2件，盘、盉各1件；玉器有戈、璜、串饰等。其中铜簠、鬲上均有"鄂姜"铭文。

M16与M7均为竖穴土坑墓，一棺一椁，有二层台，应为夫妻异穴合葬墓。M16出土铜器有鼎、簋、鬲、壶、盘匜，紧靠棺西侧还有铜翣4件，其中盘上有铭文；玉器有片饰、珠等。M7历史上被盗掘，出土铜器有矛、锛、镞、鱼、扣饰、车軎、车辖等，玉器有戈、玦、束绢形佩等。

M19与M20并列，二者相距2米，其东为M5。两墓均为竖穴土坑墓，一棺一椁，应为夫妻异穴合葬墓。M19出土铜器有鼎、簋、盘匜、壶、铃、銮铃、车马器等，其中簋、匜上均有"鄂侯"铭文；玉器有珠等。M20出土铜器有鼎、簋、盘、簠、盉，其中簠上有"鄂姜"铭文；玉器有璜、戈、条形玉饰、鱼、珠等。

夏响铺鄂国贵族墓地是新中国成立以来南阳市首次发现的高等级贵族墓地。M1、M5、M6、M16、M19、M20等墓葬出土青铜器上有"鄂侯"、"鄂侯夫人"、"鄂"的铭文，且根据墓葬大小、结构和墓间距来看，M1应为鄂侯夫人墓，M5与M6、M7与M16、M19与M20为异穴夫妻合葬墓。由此证明，夏响铺鄂国贵族墓地至少有四代鄂侯在此埋葬。同时，根据鄂侯御方鼎、禹鼎铭文研究，鄂于西周中晚期被周王灭掉。为填补鄂灭后周王朝屏藩南土的需要，周王封两个舅父在南阳为申、吕之国。从夏响铺鄂国贵族墓地的发掘看，西周晚期到春秋早期鄂国仍然存在于南阳，应是周王朝灭鄂国后，把鄂国王族置于周王朝统治范围内。夏响铺鄂国贵族墓地的发现与发掘改变了对鄂国及鄂国历史的传统认识，对研究西周晚期到春秋早期鄂国地望、鄂国历史以及鄂、养、邓等古国关系等学术问题提供了珍贵的实物资料。

（供稿：崔本信　王伟　曾庆硕）

M6
Tomb M6

M6局部
Part of Tomb M6

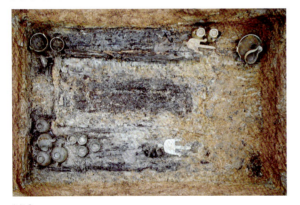

M16
Tomb M16

M20
Tomb M20

M20局部
Part of Tomb M20

M1出土铜方壶
Bronze *Fanghu* Square Pots from Tomb M1

M2出土铜盉
Bronze *He* Pot
from Tomb M2

M3出土铜鼎
Bronze *Ding* Tripod
from Tomb M3

M5出土铜鬲
Bronze *Li* Tripod from
Tomb M5

M6出土铜编钟
Bronze Chime Bells from Tomb M6

M6出土铜彝
Bronze *Yi* Vessel from
Tomb M6

M16出土铜壶
Bronze Pot from Tomb M16

M16出土铜盘匜
Bronze Basin and Ewer from
Tomb M16

M19出土铜簋
Bronze *Gui* Food Container
from Tomb M19

This burial ground lies in the course of the trunk canal for shafting southern water to the north that passes by the locus 500 m north of Xiaxiangpu Village of Xindian Township in Xinqu District of Nanyang City, Henan Province. In April 2012, The Wancheng District Bureau of Culture of Nanyang City heard of the rubbery of the graveyard, and soon, with approval from the State Administration of Cultural Heritage, the Nanyang Municipal Institute of Cultural Relics and Archaeology cleared in the canal 20 tombs of the late Western Zhou to the Early Spring-and -Autumn Period, and brought to light a large number of "E 鄂"-inscribed bronzes, jade artifacts, lacquered articles and other valuable cultural relics. The excavation of the Xiaxiangpu Graveyard indicates that at least four generations of E Marquises were buried there, and the E State remained in Nanyang in the late Western Zhou to the early Spring-and-Autumn Period. This knowledge changed the relevant historical traditional understanding and furnished important material data to researching into a series of academic problems, such as the location and history of the E State and the relationships of the E 鄂, Yang 养, Ruo 都 and other ancient states.

湖北随州义地岗
曾公子去疾墓

TOMB OF QIJI, SON OF MARQUIS ZENG, AT YIDIGANG IN SUIZHOU, HUBEI

义地岗墓地位于湖北省随州市东北部，现隶属随州市东城区义峰塔社区二组，其西2公里有五眼桥遗址，西北0.5公里为蒋家岗墓地，西距擂鼓墩曾侯乙墓4公里，并与擂鼓墩战国墓群隔㵐水相望。义地岗墓地坐落在一座东北—西南走向的长条形土岗上，岗顶高出周边地面约8米，㵐水及其支流溠水交汇于墓地西南部，墓地面积约18万平方米。地理坐标为北纬31°42′30.63″，东经113°23′11.35″，海拔高程82米。

2011年9～12月底，随州市政府在义地岗南端建设还建房时发现一批铜器，湖北省文物考古研究所即派员到现场调查、勘探并对3座墓进行了抢救性发掘。根据勘探和发掘情况，结合以往追缴被盗文物，综合判定此地应为一处春秋时期墓地。在本次发掘的3座墓葬中，M6保存较好，出土了大量的曾国铭文铜器，对判定墓葬年代、文化属性及墓主身份具有重要的参考价值。

M6为长方形竖穴土坑墓，方向121°。墓口东西长4.2、南北宽2.6～2.75、距地表深0.2～0.3米，墓口至墓底深1.76～1.86米。墓口稍大于墓底，墓坑壁面粗糙，墓底较为平坦，东西长

4.3、南北宽2.7～2.8米。坑内填褐黄红色五花土，土质致密，呈块状，包含许多大小不一的鹅卵石与植物根茎，未发现明显的夯层夯窝迹象。葬具痕迹清晰，可判断为一棺一椁。椁室位于墓坑中部偏东，长2.72、宽1.38～1.41、残高0.48米。棺室置于椁室内北侧偏东，已残，无法复原，长1.9、宽0.67、残高0.2米。在棺外发现有大片的漆皮，推测应为棺上的饰物。棺内有人骨架一具，已朽，腐烂呈粉状，从残存的痕迹来看，头骨位于棺内东部，葬式应为仰身直肢。棺内底部铺垫有朱砂。

M6随葬器物有铜器、陶器、玉器等，共计93件（组），铜器、陶器多随葬在椁内，大部分置于椁内南侧，少量置于椁内北侧、西侧与东端，玉器放置于棺内。铜器有47件，主要有鼎、簠、甗、壶、斗、匜、缶等。根据器形特点分析，其鼎与随州安居徐家嘴春秋曾国墓葬出土的曾孙邵鼎及义地岗东风油库M3出土的曾最孙邵鼎相同，其甗与随州义地岗东风油库M1所见的曾少宰黄仲酉甗相似，其簠与随州安居徐家嘴M1出土的曾都尹定簠及随州义地岗东风油库M1出土的曾少宰

黄仲簠相同，因此可判断此墓的年代应为春秋晚期。

M6出土的铜鼎、铜簠、铜壶、铜缶、铜斗上均发现有"曾公子去疾"铭文，说明其国属应为曾，墓主私名为"去疾"。根据体质人类学对M6人骨的鉴定，墓主为男性。综合以上分析，我们认为M6墓主为曾公子去疾。

M6属长方形竖穴土坑墓，方向为东西向，葬具为一椁一棺，随葬品主要放置在椁内南侧，玉器放置在棺内，这些特征与已发掘的春秋时期曾国墓极其相似。值得注意的是，兵器中戈的锋头似乎有意识地作了折损，这一现象应为东周时期墓葬中流行的"折兵"葬俗。

曾公子去疾墓是近年来在随州义地岗墓地发现较为重要的一座墓葬，墓葬未被盗掘，特别是铜器大多保存完好，并且上部多有铭文，对曾国文字的研究具有重要意义。更为重要的是，在铜斗上发现了曾国自名为斗的器铭，对铜器定名提供了依据。这座墓的墓主为曾公子去疾，而"去疾"应读为"弃疾"，在医学不发达的古代常以"去疾"或"弃疾"为名。曾公子去疾墓是义地岗发现的身份最为明确的一座春秋时期曾国墓葬，对研究义地岗春秋曾国墓地世系具有重要的学术价值。

（供稿：黄凤春　郭长江）

M6发掘情况
Tomb M6 in Excavation

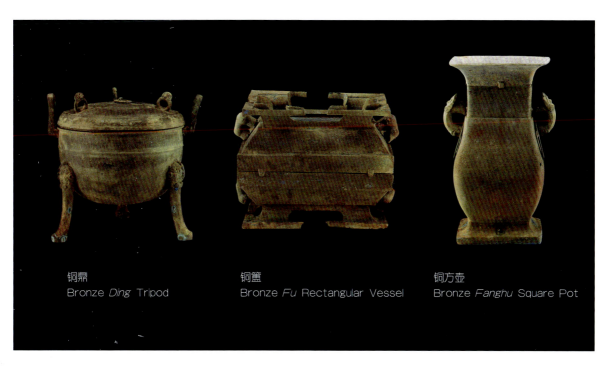

铜鼎	铜簠	铜方壶
Bronze *Ding* Tripod	Bronze *Fu* Rectangular Vessel	Bronze *Fanghu* Square Pot

铜缶
Bronze *Fou* Pot

铜甗
Bronze *Yan* Tripod

铜斗
Bronze *Dou* Wine Vessel

铜矛
Bronze Spear

铜銮铃
Bronze Bells on Horse

玉瑗
Jade *Yuan* Large-
holed Disc

铜三戈戟
Bronze Halberd

In September to December 2011, in coordination with urban construction works in Suizhou City, the Hubei Provincial Institute of Cultural Relics and Archaeology carried out a small-scale salvage excavation in the Yidigang Cemetery in Suizhou City. Among the revealed four tombs is a seriously damaged grave. Tomb M6 excavated this time yielded bronzes, pottery vessels and jades, numbering 94 pieces/sets. All the bronzes bear the inscription "Zeng Gongzi Qiji 曾公子去疾" (Qiji, son of Marquis Zeng), which shows that the tomb-owner is Zeng Qiji, and the tomb goes back to the late Spring-and-Autumn Period. This grave is the most precise in tomb-owner's status among the burials discovered at Yidigang in recent years. It has important academic value to researching into the pedigree of the tomb-occupants in the Yidigang Graveyard.

四川德阳罗江

周家坝战国船棺墓地

BOAT-COFFIN CEMETERY OF THE WARRING STATES PERIOD AT ZHOUJIABA OF LUOJIANG IN DEYANG, SICHUAN

周家坝战国船棺墓地位于四川省德阳市罗江县万安镇南塔村周家坝，凯江西北部二、三级台地上。2011年12月28日，罗江县经济开发区凤凰大道建设工地施工过程中发现一座船棺墓，后经文物部门专家现场考察，确认为一处战国时期的船棺墓地。经国家文物局批准，2011年12月～2012年4月，四川省文物考古研究院、德阳市文物考古研究所对墓地进行了抢救性发掘。

发掘分两个阶段进行，共布探沟177条。从发掘情况看，墓地地层可分3层。第1层为耕土层，厚约0.2米，多被施工取土挖掉。第2层为黄土层，厚0.2～0.5米，出土夹砂陶片、东汉砖瓦陶片、宋代青瓷片、明清青花瓷片及清代瓦片。第3层为深褐色土层，土质纯净，有黏性，厚0.6～1.1米。以下为生土层，生土为灰白膏泥或黄色黏土。墓地文化层堆积不厚，发掘的船棺墓墓口大多开于第2层下。

本次共发掘墓葬83座，其中船棺墓70座，土坑墓13座。墓地经过严密规划，墓葬分布具有一定规律。发掘区东部多集中分布西南—东北向的船棺墓，此类方向的船棺墓最多，多为两棺、三棺或多棺成组并排，成组的墓在同一线上又平行排列；发掘区西部、中部多集中分布东南—西北向的船棺墓，此类方向的船棺墓亦较多，也为两棺、三棺或多棺成组并排；发掘区中部多集中分布西东向的船棺墓，此类方向的船棺墓最少。土坑墓为南北向或东西向。

船棺墓墓坑为窄长方形，四角近直，坑口和坑底大小相当。墓坑大多较浅，填土多为黄色和褐色花土。棺具四周均用白膏泥密封作防腐处理。船棺形制可分3类：A类，船棺体型巨大，其中M1、M11、M14、M15保存完好。棺底略带弧形，船尾齐平且厚实，船头略收上翘，浅舱矮舷、舱底平直，形状似木船，长5～7米。此类船棺出土器物少。B类，船棺体型中等，其中M3、M20、M24、M31、M38、M45、M57、M60、M75保存较为完好。棺底略带弧形，船尾齐平且厚实，两翼上翘呈羊角状，船头略收上翘，舱室较深，高舷（船舷薄，多已腐朽），舱底平直，形状似木船，长约4米。此类船棺多成组并排。C类，船棺体型窄小，制作工艺参差不齐，有的只保留有船棺形制。棺底略带弧形，头尾两端截平或基本截齐，头部与尾部明显高于舱部，多已腐朽，保存很差，长不足4米。此类船棺多成组并排，出土器物丰富。墓地船棺中未见较完整的骨架，葬式不明，仅M43东北部发现有人腿骨痕迹，中部有一颗人齿，墓主头向为西南。土坑墓墓坑为长方形，四角近直，坑口和坑底大小相当，长2～3米。墓葬开口在第2层下，个别开于第1层下，少数有白膏泥保护层。其中M19、M32内发现有人齿。

随葬器物丰富，多以陶器、青铜器为主，

墓地发掘现场
Excavation-site of the Cemetery

M57、M58
Tombs M57 and M58

M14
Tomb M14

M38
Tomb M38

M45
Tomb M45

另有石器、铁器等。出土陶器90余件，有釜、器盖、罐等，以夹砂黑皮陶为主，还有夹砂红陶、夹砂褐陶、夹砂灰陶，保存较差，器形大多不可辨。出土铜器160余件，有鍪、钺、戈、矛、剑、弯刀、箭镞、锯、斤、凿、削、带钩、印章等。青铜器组合分类明显，第一类为兵器组合，多以矛、剑、戈、钺、箭镞等为主；第二类为工具组合，多以锯、凿、斤、削、刀、针等为主；第三类为生活类组合，随葬器物除兵器、工具以外，还有生前使用的釜、鍪、带钩、印章等。

从墓葬形制和随葬器物分析，周家坝船棺墓地时代应为战国中晚期至西汉早期。墓葬类型及出土文物和四川其他地方发现的船棺墓基本一致，是研究巴蜀文化的重要资料。罗江周家坝船棺墓地是继巴县冬笋坝、昭化宝轮院、什邡城

关、成都商业街之后发现的为数不多的船棺墓地之一，是一次性发掘船棺墓数量最多且经科学发掘、资料最为完整的墓地，展示了战国中晚期至西汉早期巴蜀文化发展的演变序列。墓地经过规划，墓葬分布呈一定规律，出土器物丰富，并发现有其他地方没有出现过的巴蜀符号，为研究巴蜀文化和当时的社会组织结构具有重要价值。

此外，为进一步了解罗江周家坝战国船棺墓地性质，2012年9～11月，对周家坝船棺墓地周边沿凯江流域两岸进行了调查勘探，期间在墓地南部区域发现了与船棺墓地同时期、同族属的遗址，遗址面积约2万平方米。这是四川发现的唯一一处遗址和船棺墓地共存的文化遗存，对研究巴蜀文化具有重要意义。

（供稿：刘章泽　张生刚　徐伟）

M20出土铜印章
Bronze Seal from
Tomb M20

M27出土铜印章
Bronze Seal from
Tomb M27

M46出土铜印章
Bronze Seal from
Tomb M46

M52出土铜印章
Bronze Seal from
Tomb M52

M44出土铜勾
Bronze Hook from
Tomb M44

M9出土铜钺
Bronze *Yue* Battle-
axe from Tomb M9

M9出土铜剑
Bronze Sword from
Tomb M9

M38出土铜矛
Bronze Spear from
Tomb M38

M43出土铜戈
Bronze *Ge* Dagger-axe from
Tomb M43

M59出土铜戈
Bronze *Ge* Dagger-
axe from Tomb M59

In December 2011 to April 2012, the Sichuan Provincial Institute of Cultural Relics and Archaeology and the Deyang Institute of Cultural Relics and Archaeology carried out salvage excavation in the Zhoujiaba Boat-coffin Cemetery. They excavated 83 tombs, namely 70 boat-coffin tombs and 13 earthen-pit ones. The Cemetery was well planned judged by the regularly-distributed tombs. All the boat coffins are entirely covered with fine and smooth white clay, and in size can be divided into the large, medium and small types. They yielded rich funeral objects, including mainly pottery and bronzes. Judged by the tomb form and funeral objects, the cemetery should be attributed to the mid and late Warring States Period to the early Western Han Dynasty. This is so far the largest-scale burial ground with the boat-coffins recorded in the greatest number for a season of excavation, the field work made scientifically and the data provided most completely. Its excavation furnished new data to the study of the Ba-Shu Culture and the social organization and structure of that time.

云南江川
光坟头遗址

GUANGFENTOU SITE IN JIANGCHUAN, YUNNAN

光坟头遗址位于云南省玉溪市江川县路居镇光坟头山，北距抚仙湖南岸约2公里。光坟头山为一顶部平缓的山丘，系崩东山余脉，遗址分布于山丘的半山腰至山顶部，海拔1740～1833米。

遗址于1984年3月调查发现。2011年11月～2012年6月，经国家文物局批准，云南省文物考古研究所联合北京大学文博学院、玉溪市文物管理所、江川县文物管理所，先后对本遗址进行了两个阶段的考古勘探和发掘，确认遗址面积约17万平方米，发掘面积共计600平方米。发掘文化层堆积最厚5.2米，地层划分最多处有17层，清理半地穴式房屋26座、灰坑30个、与建筑有关的活动面11处。出土遗物数量多，类型丰富，小件器物编号4089个，以陶器为主，还有铜器、石器、骨器、角器、蚌器及玉器等。陶器以子母口小钵及同心圆纹盘为主要器形，另有釜、罐、圈足盘、盆等。采集铜渣、浮选土样及环境样品400余份。该遗址为贝丘遗址，螺壳堆积最厚达5

米以上，几乎所有的螺壳尾部均被敲去。在发掘及浮选过程中分拣出大量有加工痕迹的骨器及动物骨骼，种类有螺、蚌、鱼、鸟等，哺乳动物有牛、狗、猪、马、羊、鹿、麂、熊、竹鼠、鼠、豪猪、兔等，以螺、蚌及鱼的数量最多。根据陶片特征及遗迹叠压关系判断，光坟头遗址的年代应为春秋战国至西汉时期。

根据器物组合可将遗址文化层进一步分为三个阶段。

第一阶段　遗迹均为半地穴式房址，分布于光坟头山的顶部。房屋在生土、基岩上直接开凿，形制基本相同，平面呈长方形或正方形，在墙基内有一周浅沟，房内活动面均为基岩，极平整，一般在房址中部或略偏北处有火塘或用火遗迹。F14位于光坟头山的顶部略偏东，平面为圆角长方形，西北—东南走向，长7.2～8、宽4.4～5、墙壁残高0.25～1.1米。房内活动面为基岩，较平整。墙基内有一周浅沟，在房内活动

面中部及北部分布柱洞24个，中部有一处用火遗迹，未发现门道或台阶。F14房内废弃后堆积为红褐色沙性土，土质较纯净，含零星炭屑，出土极少量夹砂红陶的折口浅盘残片。

这一阶段陶器以夹砂红陶为主，有少量夹砂褐陶及黑陶，个别陶片外壁有黑色陶衣。夹砂红陶陶胎较薄，火候较高，器形为折口浅盘。夹砂褐陶及夹砂黑陶陶胎略厚，器形多为釜或罐，少量器物口部及肩部有弦纹、水波纹、栉纹等几何形纹饰。小件器物以骨器及石器为主，有少量的铜器、玉器和穿孔蚌器。骨器多为针、锥、镞；石器多为磨制，有锛、斧、凿、网坠等。

第二阶段　遗迹有房址及大型灰坑，分布于遗址顶部及西北部的台地边缘。房址可分为三类：第一类与第一阶段房址相同。第二类有的在房内活动面的一端有一条平行于墙壁的浅沟，有的在前后两壁中部各有一个自上而下的柱洞，有的房址墙壁有一层涂层并经过烘烤。第三类房内没有浅沟和前后墙壁中部自上而下的柱洞，有的活动面并非基岩，而是用接近基岩的生土夯打铺垫而成，有的在房内活动面的边缘靠近墙壁处有较多的小孔洞，分布较密集，这些孔洞显然不是作为支撑屋顶的立柱的柱洞，可能是栽木桩或竹子搭架置物之用。F24位于遗址顶部，平面为圆角长方形，东西向，长5.9～6.1、宽3.6～4.1、墙壁高0.68～1米，墙壁上有不均匀的火烧痕迹，房址西南角最为明显。房内活动面为基岩，较平整。墙基内有一周浅沟，在活动面西端距西壁0.8～1米处有一条基本平行于西壁的浅沟，浅沟中有一柱洞；在东西两壁中部自上而下各有一柱洞，在活动面中部有柱洞4个，在房址四壁

遗址Ⅲ、Ⅳ发掘区全景
A Full View of Excavation Areas Ⅲ and Ⅳ of the Site

以外一周分布柱洞10个。在房内活动面的南半部有火塘2个，形状不规则。房内填土含有大量炭块，出土极少量泥质黑陶及黑褐陶。该房址四壁围合，没有发现门道和台阶，推测该房址使用时应是搭建竹木质楼梯或台阶以便上下。根据房内填土中含有大量炭块及墙壁上有不均匀的火烧痕迹，推测该房址应为失火烧毁后废弃。

大型灰坑平面多为圆形，直径1～1.5、深

1.2～1.4米，坑壁及坑底极为规整，剖面呈筒状或袋状，平底，坑内填土可分3～4层，包含物丰富，多为子母口小钵及同心圆纹盘，并含有较多的动物骨骼及铜渣。

本阶段陶器数量较多，以泥质红陶为主，器形多为子母口小钵及同心圆纹盘，折口浅盘数量减少，出现泥质抹光陶釜。陶罐器形较大，在口部及肩部多有栉纹、水波纹、网格纹等纹饰。圈足盘数量增加，多为泥质抹光陶。子母口小钵及同心圆纹盘制作较为粗糙，陶胎较厚，外壁多有稻壳、稻草的印痕及修整的抹痕。小件器物以铜器为主，骨器次之，石器、玉器及穿孔蚌器数量较少。铜器多为兵器或工具，不见盛贮器，有镞、錾、爪镰、凿、扣饰、带钩、鱼钩等。

第三阶段 遗迹仅有房址1座、灰坑1个。房址形制与第一阶段基本相同。本阶段陶器出现弧形纹浅盘，器形较小，圜底，内底刻划平行弧线纹。子母口小钵及同心圆纹盘变化不大，陶釜多为泥质抹光陶。有少量骨器、石器及铜器，出现两件铁器，均为残片。

通过本次勘探及发掘，我们初步了解到该遗址保存较好的是山顶部及西北部，文化层堆积较完整，螺壳含量略少，年代跨度大，遗迹及遗物丰富，应是早期人类的主要活动范围；遗址东部尽管堆积较厚，但含有大量螺壳，年代跨度较小，遗迹较少，应为人们集中倾倒生活垃圾及食物残渣的场地。在文化层中发现有零星铜渣，并出土残损的石范，且在距离遗址约3公里处有铜矿，但由于发掘面积有限，尚未发现炼铜作坊等遗迹。

光坟头遗址地处滇文化的中心区域，文化层积淀深厚，年代跨度大，遗存信息丰富，在云南省同类遗址中较为罕见，它的发掘为研究滇中地区新石器时代至青铜时代历史文化提供了重要资料。

（供稿：李小瑞）

T4302西壁剖面
Section of the Western Wall of Excavation Square T4302

T5606东壁剖面
Section of the Eastern Wall of Excavation Square T5606

F14（东—西）
House-foundation F14 (photo from east to west)

F24（东—西）
House-foundation F24 (photo from east to west)

陶盘
Pottery Dish

陶盘
Pottery Dish

陶釜
Pottery *Fu* Cauldron

铜鱼钩
Bronze Fishhook

铜镞
Bronze Arrowhead

铜削
Bronze *Xiao*
Small Knife

F23出土刻纹石块
Stone with Carved
Design From House-
foundation F23

石坠
Stone Pendant

刻纹骨器
Bone Implement with
Carved Design

穿孔牙饰
Perforated Tooth-
made Ornament

骨镞
Bone Arrowhead

骨扣饰
Bone Button

The Guangfentou Site is situated at Luju Town of Jiangchuan County in Yuxi City, Yunnan. In November 2011 to June 2012, with approval from the State Administration of Cultural Heritage, the Yunnan Provincial Institute of Cultural Relics and Archaeology, in cooperation with the Archaeological, Antiquarian and Museological College of Peking University and the Yuxi Municipal and Jiangchuan County offices for the preservation of ancient monuments carried out archaeological exploration and excavation. It ascertained that the site occupies 170,000 sq m. In the opened area of 600 sq m in total, the excavators revealed 26 semi-subterraneous house-foundations, 39 Ash-pits and 11 activity-floors concerned with buildings. The unearthed objects are large in number and rich in type, with the small-sized ones numbering 4,089, most of which are pottery vessels. The collected copper slag lumps, soil samples for floatation and environment-analyzing specimens exceed 400 portions. Judged from the features of the potsherds and the stratigrafical evidence it can be inferred that the site must go back to the time from the Eastern Zhou to the Western Han Period; and the remains can be divided into three stages. Located in the center of the Dian Culture, the site furnished important unearthed data to researching into the history and culture of the central Yunnan region in the Neolithic Age to the Bronze Age.

陕西宝鸡石鼓山西周贵族墓葬

ARISTOCRATIC TOMB OF THE WESTERN ZHOU PERIOD ON SHIGU HILL IN BAOJI, SHANXI

2012年6月，由陕西省考古研究院、宝鸡市考古研究所、渭滨区博物馆组成的石鼓山考古队在陕西省宝鸡市渭滨区石鼓镇石嘴头村四组抢救性发掘了一座西周早期贵族墓葬（编号石鼓山M3）。石鼓山南依秦岭，北临渭河，东濒茵香河，西有巨家河，地势高耸，位置优越。

M3为一座长方形竖穴土圹墓，方向190°，墓长4.3、宽3.6、残深2.4米。由于村民取土和平整宅基地，墓葬上部不存，依据墓葬南部土崖高度和地形地势判断，墓葬应深7～8米。墓葬填土为浅褐色五花土。墓坑下部四周筑有熟土二层台，南宽0.9、北宽0.7、东和西宽1、高1.05米。二层台上放置有随葬的兵器、马器等。在二层台上部东、北、西壁向外挖有6个壁龛（编号K1～K6）。龛内放置铜礼器。葬具为两椁一棺。棺内发现人骨1具，已腐朽呈粉状。棺内中北部发现直条状骨粉，疑为腿骨腐朽后痕迹，据此推测墓主头向南。棺内出土有玉璧等。

墓葬出土器物（不含石膏打包提取部分）计101件（组），主要为铜礼器、兵器及马器等。其中，铜礼器共14类31件，有鼎、簋、卣各6件，禁、斗各2件及彝、尊、壶、甗、罍、盉、盘、爵、觯各1件。

冉父乙卣：器身呈椭圆形，扁腹下垂微外鼓，圜底，圈足外侈。盖顶有纹饰一周，以连珠纹为边，中饰雷纹。盖顶正中有一花蕾状纽，饰蝉纹。提梁为索状，两端圆环与器身肩部的半圆形耳相穿连。两耳间正中高浮雕兽首纹，兽首两侧饰雷纹一周，雷纹上下以连珠纹为边。圈足上部饰弦纹两周。通高32厘米。盖、器同铭，为“□(冉)父乙”3字。

户彝：盖作庑殿屋顶形，四角扉棱中上部伸出折角扉棱，四斜面饰倒置的兽面纹。盖顶正中有一硬山屋顶状盖纽，纽前后饰倒置的兽面纹。器身为长方形，敛口，宽平沿，直腹，平底，高圈足。彝四角及中线皆有镂雕扉棱。颈部四面正中伸出圆柱接高浮雕兽首耳，兽首头部接掌形角。腹部四侧面饰兽面纹。圈足饰夔龙纹。高63.7厘米。盖顶、器底同铭，为“户”1字。

父癸尊：筒状，喇叭口，微鼓腹，圜底，高圈足。腹、足分别饰扉棱4道。腹部饰夔龙纹四组，两两头部相对组成兽面纹。圈足上有象鼻夔纹四组，两两头部相对组成兽面纹。腹、足部均以雷纹作地，主体花纹上雕刻阴线。高27.3厘米。圈足内壁铸铭文3行8字“□□商用作父癸彝”。

父甲壶：子母口斜直，方唇，垂腹，圜底，圈足。盖上有圆形握手，握手下饰弦纹一周，盖面饰勾云纹和圆目纹一周四组。索状提梁与颈部对称的环耳相套连。颈部环耳间正中高浮雕兽首纹，兽首两侧对称饰勾云纹四组和圆目两个，上下以连珠纹为边。圈足饰勾云纹一周，上下边沿饰连珠纹。高42.2厘米。盖、器同铭，为“父甲□”3字。

亚羌父乙罍：侈口，束颈，圆肩，鼓腹斜内收，底上凸，高圈足外侈。弧形盖上饰高浮雕涡纹圆饼四组。颈部饰弦纹两周。双耳作牛首状，耳内各套一环。耳间浮雕涡纹圆饼六组，其下有凹弦纹一周。下腹部有一高浮雕牛首鋬，与肩部双耳略呈三角形。高50厘米。口沿内铸铭文"▨（亚羌）父乙"4字。

▨癸盘：敞口，方唇，折沿，浅腹，圜底，圈足。沿下饰夔纹一周三组，各组正中有高浮雕兽首纹。圈足饰夔纹一周三组，各组正中起扉棱。夔纹上下以连珠纹为边，云雷纹作地，主体纹饰上雕刻阴线。口径36.6、高13.6厘米。腹内底上铸有铭文4字：▨（曲）臣▨癸。

父癸爵：侈口，尖唇，曲长流，流折处立双柱，腹微鼓，圜底，锥状三足。双柱帽呈圆锥状，饰窝纹。兽首纹半圆形鋬，鋬下腹部起对应直棱鼻。腹部饰目雷纹四组，在鋬、直棱鼻两侧组成一兽面。高21厘米。鋬下腹外铸铭文2行5字"▨（曲）臣▨父癸"。

根据出土铜器的形制和特点，判断器物年代最早为商代晚期，次为商末周初，最晚为西周早期，故M3年代应为西周早期，或不早于商末周初。

本次发掘首次发现了"户"族器物。从随葬器物的摆设情况看，1号禁上置户彝、户卣甲、2号禁、户卣乙（置于2号禁之上）、1号斗，这6件器物是一组（套），应为"户"族器物。出土的高领袋足鬲属于刘家文化遗物，刘家文化又是姜姓羌族文化，所以M3的墓主当为姜姓羌族后裔，或者说就是姜戎人，进而推测，"户"族的地望应在今宝鸡石鼓山一带，这里应是姜戎族户氏家族墓地。石鼓山M3的发现为研究商周青铜器研究及西周历史、文化、埋葬制度、礼制发展等提供了重要资料。

（供稿：刘军社　王颖）

M3全景
A Full View of Tomb M3

K1内器物出土情况
Objects in Excavation from Niche K1

K2内器物出土情况
Objects in Excavation from Niche K2

铜鼎
Bronze *Ding* Tripod

铜簠
Bronze *Fu* Food-container

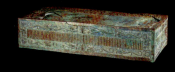

铜禁
Bronze *Jin* Vessel Supporter

户卣
"Hu 户"-inscribed Swing-handled Pot

冉父乙卣
" Ran Fu Yi 冉父乙"-inscribed Swing-handled Pot

户彝
"Hu 户"-inscribed *Yi* Vessel

父癸尊
"Fu Kui 父癸"-inscribed *Zun* Vase

父甲壶
"Fu Jia 父甲"-inscribed Pot

亚羌父乙罍
" Ya Qiang Fu Yi 亚羌父乙"-inscribed *Lei* Pot

癸盘
"Gui 癸"-inscribed *Pan* Basin

父癸爵
"Fu Gui 父癸"-inscribed *Jue* Cup

陶鬲
Pottery *Li* Tripod

K3内器物出土情况
Objects in Excavation from Niche K3

K4内器物出土情况
Objects in Excavation from Niche K4

K6内器物出土情况
Objects in Excavation from Niche K6

In June 2012, the Shigu-Hill Archaeological Team from the Shaanxi Provincial Institute of Archaeology, Baoji Municipal Institute of Archaeology and Weibin District Museum carried out salvage excavation of an early Western Zhou Period aristocratic tomb (numbered M3) at the Fourth Community of Shizuitou Village in Shigu Town of Weibin District within Baoji City, Shaanxi Province. It is a rectangular earthen pit measuring 4.3 m in length, 3.6 m in width and 2.6 m in remaining depth. The lower part of the pit is furnished with mellow-soil-built second-tier platforms in the periphery, above which six niches are made in the eastern, northern and western walls, and a large number of bronzes were brought to light from them. The tomb-owner is buried in two outer and one inner coffins, and the funeral objects number 101 pieces/sets (not including those covered with gypsum for the convenience of excavation), among which are 31 ritual bronzes of 13 types. Judged by the tomb form and funeral objects, the tomb is a high-rank aristocratic burial, and the tomb-owner must have been a member of the family by the name of Hu that descended from the Jiang Clan of the Qiang Ethnic Group. It can be further inferred that the Hu family lived at Shigu-Hill and its vicinity in present-day Baoji, and this burial ground must have been the graveyard of the Hu family of the Jiangrong Ethnic Group. The discovery of the tomb provided important data for studying Shang-Zhou bronzes and researching into the history, culture and burial institution of the Western Zhou Period and the development of ritual in those times.

新疆温泉阿敦乔鲁早期青铜时代遗址与墓地

EARLY BRONZE AGE SITE AND CEMETERY AT ADUNQIAOLU IN WENQUAN, XINJIANG

阿敦乔鲁遗址与墓地位于新疆维吾尔自治区博尔塔拉蒙古族自治州温泉蒙古族自治县，地处距温泉县城西约41公里处的阿拉套山南麓浅山地带，其地理坐标北纬54°01′28.9″，东经80°32′34.9″。周围有成片的花岗岩石块，分布在丘陵和低谷之间，一直延续致南部的博尔塔拉河北岸。阿敦乔鲁是蒙语，意为"像马群一样的石头"。

阿敦乔鲁遗址与墓地自2010年开始进行调查与测绘，2011年试掘，2012年6～9月，中国社会科学院考古研究所阿敦乔鲁项目组对遗址和墓地进行了发掘，发掘面积近1500平方米，共清理相互连属的大型房址3座、石板墓9座，出土陶器、石器及铜器小件和金耳环、石人等遗物。

遗址位于阿拉套山的查干乌苏山口南部的山前浅山地带。经过初步的调查，遗址范围近7平方公里，集中于阿拉套山山前的一处丘陵周围，地势高敞。丘陵四周均发现有石构建筑，共有11组。建筑均由大石块组成的双石围为标志，石围基本为方形或不甚规整的方形，长8～22米。

丘陵西部的南坡上，有一处由5座石构建筑（编号F1～F5）组成大型石围建筑群，依地势从坡底至坡顶分为4层。本次发掘为F1～F3。

F1平面为长方形，形制规整，有大石块砌成两圈石围，南部有向外突出的石砌门道。外圈石围长22、宽18米，内圈石围长18、宽14.6米，两圈间距0.98～1.33米。石围基本由竖立的大石块组成，石块高出地表0.3～1米。个别的大石块（材）为人工修整而成，最长者近3米，露出地表约1.1米。房址内遗迹呈中轴对称分布，基本可划为4个单元，显示出不同的功能分区。在房址内的东南角和西南角，各有一个独立的弧形石

圈（东南角为双石圈）遗迹，遗迹内出土了零星的家畜骨骼、陶片及纯净的灰土。F1中部有两道由大石块组成的石围（墙），将房址分为南、北两部分。在房址北部中间也有两道南北向的石围将其纵向分开，形成东北和西北两部分。东北部内堆积的石块基本为南北成排分布，部分保存有方向相同、上下叠压的2～3层的石块堆积。西北部的石堆主要部分呈圆形，大部分为单层堆积。在房址内的其他位置还有零散的石块堆积。F1的北部东、西两端各有一向北突出的长方形范围，东西对称。西北角上的长方形范围内，也保存有成排的石块。此外，F1内还发现数座窖穴。

F2、F3位于F1北侧，其中F2位于F1北侧东部，亦为双石围建筑，南侧与F1相接，在中心处保留两块大石。石圈呈不规则长圆形，长约17米，最宽处约14米。F3位于F1北侧西部，呈南北长的半圆形，最长径约17.8米，东侧石围与F2西侧石围相接，西侧石围中部有明显的缺口，推测为门道处。

墓地位于遗址区南部，与房址所处的小山相距约1800米。墓地南北长约500米，可辨识墓葬60余座，依墓葬分布密度，基本可分为北区、中区和南区。墓地以石板墓为主，还有部分石堆墓。石板墓葬均为石围石棺墓，石围最大者边长9.9～10米。

M4位于墓地北部，地表保存有方形石围，边长约7米，石围由石板构成，每侧7～9块，石板平均宽0.8～1.1米，露出地表的部分高0.5～0.8米。其中西侧石板中部留有缺口。石板内中部有南北两个墓穴，墓穴基本为东西向，墓穴之中均有石棺。墓穴外侧的地表上，沿墓口附近摆布小卵石作为墓口标志，卵石长8～15厘米。M4-1位于石围内的北部，长椭圆形竖穴，石棺距墓穴口约1.5米，四壁由经人工修整的四块石板构成，无底板，盖板石由大石块构成。石棺与墓穴之间的空隙填细碎卵石和土。石棺密封较好，四壁均为完整的石板，石板平整，盖板石由四块大石块构成。底部保留经火烧过的人骨碎片。M4-2位于石围内南部，与M4-1间隔约0.3米。墓穴近长方形，底部有石板构成的石棺，石棺的盖板石由多块较薄的片石构成，片石表面有厚约3厘米的黄膏泥。石棺内发现木质葬具，北侧基本无存。葬具

遗址发掘现场
Excavation-site on the Site

F1～F3全景
A Full View of House-foundations Nos. F1—F3

墓地北区全景
A Full View of the Northern Area of the Cemetery

M4
Tomb M4

M4-2人骨架出土情况
Human Skeleton in Excavation from Tomb M4-2

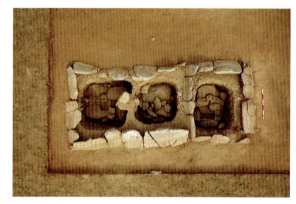

M49、M50
Tombs M49 and M50

M9
Tomb M9

M9袝葬儿童
Auxiliary Burial of a Child in Tomb M9

F1出土石器
Stone Tool from House-foundation F1

F1出土陶片
Potsherd from House-foundation F1

F1出土铜锥
Bronze Awl from House-foundation F1

F1出土陶片
Potsherd from House-foundation F1

由直径13～15厘米的树干组成，已朽。保存较好的位置可分为5层，用榫卯拼接。石棺内葬一青年男性（30岁左右），骨骼保存完好，侧身屈肢，头西面北。随葬有包金铜耳环、陶罐及羊距骨等。

M50位于墓地南部，石围为长方形，长约7.1米，宽2.8～3米，石围较矮且立石多向内倾倒。石围内有南北两座墓穴，墓穴为东西向。M50-1

为同穴双石棺，即同一墓穴内有两并列的石棺。人骨均为火葬，在墓底保存有经火烧过的碎骨。墓室底部近西端，各出一小陶罐。M50-2人骨未经火烧，侧身屈肢，头部位于墓室西端，头骨缺失，无右侧下肢骨，其他部位骨骼完整，应为成年女性（25～30岁）。其北侧还发现有婴儿头骨、肩胛骨及肋骨等碎片，显示该墓为成年女性与婴儿合葬墓。

　　阿敦乔鲁遗址与墓地是近年来新疆发现的重要的青铜时代遗存，年代为公元前19世纪至公元前17世纪，属于青铜时代早期。根据F1～F3及周围遗迹的规划、建筑规模与特色等推断，遗址很可能是博尔塔拉河流域具有中心性质的祭祀或举行重要仪式活动的场所，显示出了很高的文明程度。本次发掘的墓葬是新疆地区以往所未见的类型，葬式包括一次葬（侧身屈肢）和火葬，出土的陶器、包金铜耳环、石人等遗物，与环准噶尔盆地青铜时代墓葬的出土物有密切联系。这种类型的墓葬在阿拉套山（天山山脉）以北，今哈萨克斯坦七河流域的别尕兹（Begazy）曾有所发现。

　　阿敦乔鲁遗址与墓葬的发掘首次在新疆确认了相互关联的早期青铜时代遗址和墓地，为研究该区域古代社会结构、揭示西天山地区青铜时代遗址的具体面貌，以及探索早期青铜时代新疆地区与中亚地区的文化交流提供了重要资料。

（供稿：丛德新）

M4出土陶罐
Pottery Jar from Tomb M4

M4出土喇叭口形包金铜耳环
Gold-covered Flared-mouthed Bronze Earring from Tomb M4

The Adunqiaolu Site lies in Wenquan Mongolian Autonomous County of Bortala Mongolian Prefecture, Xinjiang Uighur Autonomous Region. In June to September 2012, the Adunqiaolu Project Team of the Institute of Archaeology, Chinese Academy of Social Sciences carried out excavation at the locus for researching into the site and cemetery. In the opened area of approximately 1,500 sq m they revealed three large-sized house-foundations and nine slab-stone tombs, and brought to light pottery vessels, stone implements, small-sized bronzes, gold earrings and stone human figures. The site and cemetery are among the important cultural remains of the Bronze Age discovered recently in Xinjiang. They go back to the 19th to 17th centuries BP and belong to the early Bronze Age. It is the first discovery of a site in association with a cemetery in early Bronze Age Xinjiang, and provided important material for researching into the cultural relations of Xinjiang with Central Asia in the early Bronze Age.

新疆布尔津
博拉提三号墓群

NO. 3 CEMETERY AT BOLATI IN BURQIN, XINJIANG

博拉提三号墓群位于新疆阿勒泰地区布尔津县窝依莫克乡博拉提村西南，北靠阿尔泰山支脉博拉提山。2011年4～6月，为配合新疆布尔津县也拉曼定居兴牧水利工程建设，新疆文物考古研究所对工程涉及的博拉提三号墓群进行考古发掘，共清理墓葬46座。墓室结构有竖穴石棺墓、石板石棺墓、竖穴土坑墓、竖穴偏室墓及带墓道的竖穴土坑墓。出土石器、陶器、铜器、铁器、骨器等遗物，共约60件，其中铜器有戒指、镜、饰件、鸡首铜簪等，陶器有罐、尊、壶等，石器有鹿石、磨盘等，骨器有带扣、导尿器等。

石板石棺墓M18最具代表性。该墓位于墓群西部，土封堆略呈较低矮的覆斗形，平面长方形，表面覆盖稀疏荒草，封堆顶部较平坦，北侧及西侧各有一以石板围成的石棺。

北侧石棺长约0.8、宽约0.6、深约0.7米。填土为黄褐色沙土，夹杂石块，底部石块较多，可能是原来石棺盖板风化粉碎后，掉入石棺内。底部有零星人骨碎片，东南角有一素面橄榄形石罐。构成石棺的石板内壁下部多有红色涂画痕迹，具体图案模糊不清。其东侧发现一长约0.4、宽约0.3米的石板，其下为一长约0.3、宽约0.2米的石框，内无遗物。

西侧石棺较小，长约0.6、宽约0.4、深约0.6米。石板风化严重，填土情况与北侧石棺相同。底部不见人骨痕迹，东北角一长方形石板下面盖有红色颜料，靠近北壁中部有一黑色橄榄形陶罐。

M18封堆中部发现一红色橄榄形陶罐，其东北

M18封堆北侧石棺
Stone Coffin on the Northern Side of the Mound of Tomb M18

M18封堆西侧石棺
Stone Coffin on the Western Side of the Mound of Tomb M18

M18西石棺盖板
Cover of the Western Stone Coffin
in Tomb M18

M18东石棺盖板
Cover of the Eastern Stone
Coffin in Tomb M18

侧有素面的石罐残片。封堆下东、西部各有一墓室，墓内均有较大石棺，棺上有石盖板。

东石棺以较厚的六块砂岩组成，南、北壁各一块，东、西壁各两块，西壁内侧偏南处凿刻一近似于倒扣酒杯的图案，南壁内侧偏西处凿刻一匹马。石棺内竖立两块石板，用以支撑盖板，其中一块上有红色涂抹痕迹。石盖板已碎裂，西南角盖板表面上发现有马牙。石棺底部碎骨较多，估计是埋葬不久后被盗。墓室与石棺之间填碎石块，石棺与墓室东南角之间发现有一套石器：两件大小不一的石拍、一件石锤和一件石砧，表面均有红色颜料痕迹，应为加工颜料工具，即石拍用来拍碎颜料，石锤进一步砸碎颜料，并在石砧上进行研磨。经过初步检测，红色颜料主要成分是铁矿石。该墓室东侧偏南处，发现原始地表上有一块约1平方米的红色

痕迹，应为加工颜料的地点，甚为珍贵，墓葬内彩绘所使用颜料应该就在此处加工完成。

西石棺以较薄的页岩石板组成，东、西、南壁各一块，北壁两块。石板表面脱落严重，但仍保留有红色斜菱形方格纹图案，内填有红点。石棺中间有一块竖立的石板，支撑石盖板。石盖板东南角有一约0.5米的弧形缺口，边缘凿痕明显，应是盗洞所致。墓内骨骼零碎杂乱，有一残陶杯。中部偏西有一石板构成的石室，内无遗物及任何痕迹。

M18出土的橄榄形石罐和陶罐，与阿勒泰切木尔切克墓群出土同类器相似，表现了二者的一致性和延续性。根据碳十四年代数据以及墓葬形制、出土遗物判断，此墓距今约4000年，属切木尔切克文化范畴。

本次发掘还首次在阿勒泰地区发现了4座带墓道的墓葬，其中3座的东西向斜坡墓道与墓室之间有石板分隔，石板可能相当于墓门。一座墓葬的墓道里还竖立一尊鹿石，鹿石首正反对应凿刻圆环，正面上半部凿刻一匹马，形态逼真。另外一座墓葬带有南北向墓道，墓道浅、短，可能是为了上下和出土的方便。其余墓葬多为石棺墓，也有偏室墓。墓葬多数为东西向，偏室墓既有北偏，也有南偏。有的石棺墓封盖严密，由多层岩石封盖。墓葬年代最晚可至两汉时期。

这次发掘的M18是自1963年以来首次完整发掘的切木尔切克文化类型的石板墓，对于进一步

了解该文化墓葬的封堆及墓室构筑方式等具有重要作用。阿勒泰地区曾发现有大量以红色颜料描绘的洞穴岩画，M18红色颜料加工地点及其加工工具的确认，对研究古代阿勒泰地区颜料的使用具有重要意义。带墓道墓葬及其墓道中竖立的鹿石，也为阿勒泰地区首次发现，为进一步认识当地早期考古学文化提供了重要资料。

博拉提三号墓群的发掘，不仅开拓了研究切木尔切克文化的视野，而且进一步证实了阿勒泰地区在亚欧草原史前时期具有的重要地位，也从侧面反映了当时较高的文明程度。

（供稿：于建军）

M18西石棺
Western Stone Coffin in Tomb M18

M18东石棺南壁内侧凿刻马形图案
Horse Design Chisel-carved on the Inner Side of the Southern Wall of the Eastern Stone Coffin in Tomb M18

M18东石棺
Eastern Stone Coffin in Tomb M18

M18东石棺西壁内侧凿刻图案
Design Chisel-carved on the Inner Side of the Western Wall of the Eastern Stone Coffin in Tomb M18

陶罐
Pottery Jar

陶罐
Pottery Jar

陶尊
Pottery *Zun* Vase

石罐
Stone Jar

石砧、石锤、石拍
Stone Anvil, Hammer and Slappers

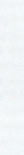

骨导尿器
Bone Urine-catheter

铜戒指
Bronze Finger-ring

铜簪
Bronze Hairpin

M18全景（东—西）
A Full View of Tomb M18 (photo from east to west)

M18西石棺内壁彩绘图案
Colour-painted Design on the Inner Side of the Western Stone Coffin in Tomb M18

鹿石
Deer Stone

In April to June 2011, in coordination with the irrigation works for settlement and promoting animal husbandry at Yelaman in Burqin County, Xinjiang, the Xinjiang Institute of Cultural Relics and Archaeology conducted archaeological excavation in Cemetery Bolati-III concerned with the works. They cleared there 46 tombs, which yielded stone, pottery, bronze, iron and bone artifacts, totaling about 60. In structure there are earthen-shaft stone-coffin, slabstone-pit stone-coffin, earthen-shaft, earthen-shaft-*cum*-cave and earthen-shaft-*cum*-passage graves, of which the last type is the new discovery in the Altay region. In Tomb M18, even a pigment processing site was recorded with relevant tools, which has great significance to studying early cave paintings and the use of pigments in slabstone-pit stone coffin tombs in Altay. The earliest burials of this type go back to about 4000 BP. Their origin can be traced to the Qimuqierke Culture, the earliest cultural complex in Altay, while the latest ones go back as late as the Han Period.

秦雍城城址东区

2012年考古调查

2012-YEAR ARCHAEOLOGICAL SURVEY IN THE EASTERN AREA OF THE QIN STATE YONGCHENG CITY-SITE

秦雍城遗址位于陕西凤翔，总分布范围达51平方公里，由城址、秦公陵园、国人墓地和郊外宫区组成。鉴于对雍城城址整体轮廓与布局了解程度不够，细部内涵不清晰、不全面，尤其对有些传统重要发现如城区道路系统尚存诸多争议，陕西省考古研究院遂将对城址区考古调查列入2012~2014年重点目标任务，这也标志着对整个秦雍城遗址阶段性保护考古工作较为圆满的收尾。

整个城址区约11平方公里，2012年选择面积

约整个范围三分之一的东区进行"微观"性考古调查与勘探工作，这里也是既往工作的薄弱区域，工作取得了多项重要收获。

首先，城址东区遗存点数大幅增加。本区域内既往调查工作仅获得极少有关东城墙及南城墙东部夯土结构以及城内遗迹的点状信息，通过本次考古调查，其数量由早先6处增至32处，并且对遗迹点的属性判断较为清晰。不仅如此，不同属性遗迹点形成了面状组合如聚落结构，点线组

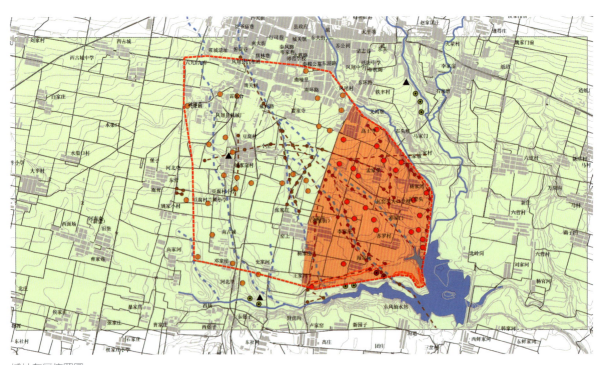

城址东区位置图

Location of the Eastern Area of the City-site

合如城墙、古河道与古道路等。

其次，确认了东城墙与南城墙东部的走向、结构与构筑年代。经过对局部城墙遗迹点的梳理，将其连接形成城墙基本走向。经解剖性勘探，发现城墙墙体宽8～14米，其构筑方法为中、里、外三重分别构筑。在墙体夯土内发现有秦早期陶片，从而初步确认如《史记·秦本纪》"悼公二年，城雍"记载的可靠性，即秦国在都雍城近二百年之后才正式构筑城墙。

第三，"城堑河濒"实景考古新发现。以往诸多考古发现无法证明早期秦国有筑城墙的实例，而从秦公陵园兆沟的发现中则形成了当时以大河、沟壑作为城周环护设施的观点。此次考古调查发现初期雍城分别以四周的雍水河、纸坊河、塔寺河及凤凰泉河环围。由于当时河水丰沛、河谷纵深，自然河流便成为"以水御敌于城外"的主要城防设施。这种情形与礼县大堡子山、圆顶子山秦西犬丘城的防御体系如出一辙，这也是对文献所载"城堑河濒"的实景解读。而至战国时期，列国形势突变，攻伐谋略上升，秦国在原"以水御敌"基础上再构筑城墙，加上因筑墙取土所形成的沟壑，增加了多重防御屏障。

第四，明确了雍城城市布局受制于自然地理环境因素的影响。通过此次对雍城城址及其周边地理环境的考察发现，城内布局顺应了当时自然环境的制约。由于雍城西北高，东南低，加之从北部雍山一带的水流通过白起河及多条河流穿城而过，使当时的雍城成为"水中之城"，从而形成了当时城内布局"顺河而建，沿河而居"的情景。河流成为当时城内便捷的水上通道，河堤沿岸往往有临河道路，同时城内各条陆路之间又纵横交错、相互连接。调查发现当时临河而建的聚落形成多个相对集中的片区，沿河而居则方便地利用了向河中自然排水的功能，同时通过地下引水管网将河水引向城中各个区域，用于如作坊生产、聚落生活以及苑囿池沼用水等。

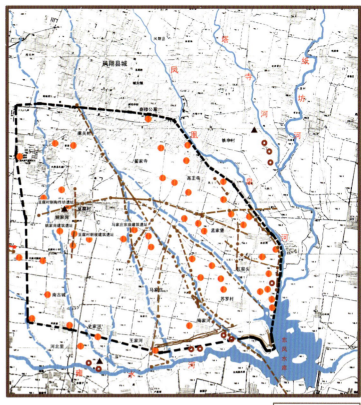

城址遗迹分布图
Distribution of the Vestiges of the City-site

第五，发现了城址东南角的瓦窑头大型宫室建筑。该建筑残长186米，系组合式结构，显现"五门"、"五院"、"前朝后寝"的格局，与20世纪80年代在雍城城址中区马家庄发现的朝寝建筑外形相似，但结构更加复杂，又与岐山凤雏村宗庙遗址四合院式的组合相类同。根据文献记载及参阅相关研究，这组建筑由外及里可分为五门、五院。有屏、门房、厢房、前殿、大殿、寝殿、回廊、偏厢房、阶、碑、阙等建筑单元。从所处区域地层堆积及采集建筑板瓦、筒瓦判断，该组遗迹的年代应早于马家庄朝寝建筑，而晚于岐山凤雏村西周宗庙建筑遗址，属雍城早期宫室建筑。这一发现初步体现出了秦早期传承周制，为寝庙合一模式，后来发展成庙、寝分开且平行，再演变到后来咸阳时期为突出天子之威，朝寝于国都中心，而将宗庙置于南郊的情形。这一发现为探讨秦国城市最高礼制建筑的渊源、传承与发展脉络提供了重要的实物资料。

此外，依照瓦窑头可能是目前雍城营建最早的宫区建筑这一认识，可以推断这里可能为文献所说的"雍太寝"，即"德公元年（前677年），初居雍城大郑宫"所在。

第六，城内新发现大型聚落遗存。经在城址东区考古调查发现，有三处相对集中分布的聚落群，按照等制区分，包含大型建筑（朝宫）、中型建筑（贵族居室）、小型建筑（国人）等不同类型，尤其小型建筑聚落分布区中还有为数不少的半地穴式居室，这种布局关系反映出当时城内所居者应包括秦国国君、秦国贵族和所有阶层的"国人"，以此解读了多年来在雍城城外一直未发现 "国人"聚落的缘由，这一发现也为进一步了解当时秦国社会组织结构提供了重要参考。

同时，城内"国人"聚落与城外国人墓地间可能存在对应关系。近年在城外周边多处国人墓地的发现，除改变既往认为"国人"墓地仅分布于雍城城址南郊的观点，确立在城外四周皆有其分布的新认识外，还明确了各"国人"墓地间存在明显差异，说明当时秦人实行的是聚族相葬，

即一个族群一个墓地。而这种差异说明其来源背景是不同的，体现了秦人文化的多元结构与特征。在城外的每个墓地可能对应着临近城中的某个"国人"聚落。

第七，城内可能存在农业经济形态。考古调查资料显示，在城址范围内，各聚落之间有成片的广阔土地，除发现道路遗迹外，没有发现雍城时期城中居住或工场遗迹，推断其用途为农田占地，如此宽阔的土地面积可支撑城中的粮食供给，尤其在战事紧张时刻显得尤为重要。雍城数条河流与丰沛的水资源，以及城外植被茂密的林区环境，又提供了富实的渔猎经济。多元经济结构壮大了秦国国力，成就了秦公让"子孙饮马于河"的东扩愿望。

秦雍城有无外廓城一直是对其整体布局探讨的重要目标之一。外廓城有两种概念，一是大城中的小城，即目前遗址城址之内的宫区内城墙，二是大城之外的小城。此前发现的城西塔凌建筑遗址、"年宫"、"橐泉宫"建筑遗址，它们是否具有外廓城性质则值得进一步探索。

除此之外，根据"十二五"秦雍城大遗址保护考古工作应采用多元化方法的理念，目前已

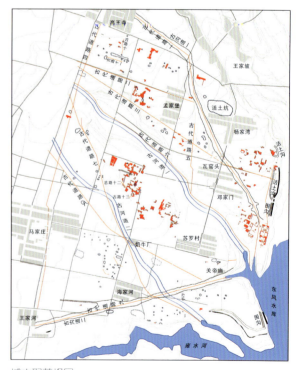

城址东区新发现三组聚落密集区
Three Crowded Settlement-groups in the Eastern Area of the City-site

城内聚落格局
Pattern of the Settlements in the City

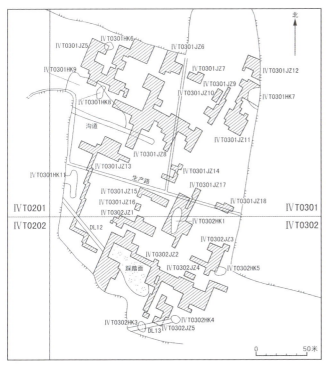

城内聚落群建筑基址
Building-foundations of the Settlement Groups in the City

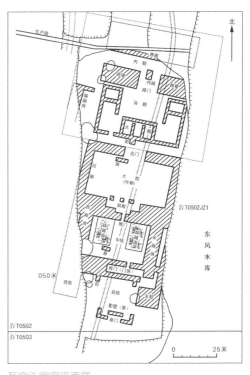

瓦窑头宫室平面图
Plan of the Wayaotou Palace Buildings

城内聚落遗存考古调查现场
Archaeological Survey-site of Settlement Remains in the City

城内聚落建筑基址剖面
Section of the Building-foundations Left Over from Settlements in the City

正式建立了"秦雍城遗址GIS地理信息系统"平台，旨在将类似城址的所有雍城大遗址保护和考古工作过程中所获得的信息全面进入该系统。

此次在雍城城址东区范围的"微观"性考古调查项目是由陕西省考古研究院与宝鸡市考古研究所等单位联合实施国家大遗址"十二五"阶段性重点课题。尽管目前工作尚处于前期，所完成的考古勘探总量还不足三分之一，因后代沿革过程中对雍城时期遗存的破坏，内城墙、城门等重要遗迹的情况还不清楚，尚需今后进一步详细探查，但目前完成的调查和东区勘探已取得了重要成果，为下一步继续开展全面有序的保护和考古工作提供了指向和参照。

（供稿：田亚岐）

雍城城墙剖面
Section of a City-wall of
Yongcheng City

聚落作坊出土陶范
Pottery Mold from a
Settlement Workshop

In 2012, the Shaanxi Provincial Institute of Archaeology obtained important achievements in its archaeological survey and exploration within the eastern area of the Qin State Yongcheng City-site. The work resulted in the increase of the number of the discovered vestige spots from six known before to 32 recorded presently and in the more clearance of their nature. Furthermore, it ascertained the trend, structure and building date of the eastern city-wall and the eastern section of the southern city-wall, understood the actual view of the "city moat and nearby river" and the influence of geographical and environmental factors upon the layout of Yongcheng City, discovered the vestiges of the large-sized Wayaotou palace building in the southeastern corner and extensive settlement remains in the city, and revealed the possibility of the existence of agricultural economy within the city-walls. In addition, the archaeological work for the protection of Qin Yongcheng as a large-sized site has successfully established the platform of "Geographical Information System of the Qin Yongcheng City-site." The present archaeological work furnished guide and reference to the further all-round and perfect preservation and study of the whole city-site.

广东五华

狮雄山秦汉城址

QIN-HAN PERIOD CITY-SITE AT SHIXIONG HILL IN WUHUA, GUANGDONG

　　狮雄山遗址位于广东省梅州市五华县华城镇东南约2公里的塔岗村内，是一处以秦汉时期建筑为主要内涵的古文化遗址。遗址发现于1982年，1984～1990年，广东省文物考古研究所曾先后4次对狮雄山遗址进行过考古调查和发掘。2011～2012年，为进一步加大对广东省内大遗址的保护力度，明确狮雄山遗址的性质、年代、布局和结构，广东省文物考古研究所联合五华县博物馆对该遗址进行了第5次调查、勘探和试掘，揭露面积500平方米。

　　秦汉城址的发现是本次考古工作的主要收获。勘探和试掘结果表明，几乎整座城址都分布于狮雄山南岗经人工垫筑、平整的平台上，面积

约4万平方米。平台依仗山势，由高至低分为4级，其中，最低的第四级平台与山下平地的相对高度为18～27米，第三级平台的相对高度约33～35米，第二级平台相对高度约37～41米，第一级平台的相对高度则均在43米以上。在城址基础的垫筑、平整过程中，山体最厚被削去7米左右，垫筑土最厚处可达6.8米。整个遗址被围绕城址的环壕和各级平台之间的壕沟划分为北、中、南三区，而城址北区又被围绕建筑基址的环沟和台基分为东、西两部分。

　　目前，城址范围内已探明、清理的与城址相关的遗迹，除前述四级人工平台外，还包括环壕1条、围沟1条、东西向壕沟2条、建筑基址7

城址布局
Layout of the City-site

处、陶窑1座、水井3口、灰坑30个。

　　环壕自北、东、东南三面包围第一、二级平台，距平台边缘3～8米，残长约300米。环壕平面呈不规则长方形，开口距地表0.35～0.45米，宽4.5～7、深1.8～2.6米，打破生土。剖面形状介于"V"和"U"形之间，为斜直壁、弧底。沟内填土分多层，多呈垂弧状堆积。根据地层及出土遗物分析，环壕下部堆积的年代为战国末期至西汉早期。环壕在第一、二级平台周围绕行后，经鞍部和南岗南侧勾连至山下的古高坑水和五华河，将人工修筑的沟壑、高台与天然河道有机联系起来，构成了一个规模宏大的沟垒式的矩形防御体系。

　　城址范围内发现7处秦汉建筑基址，分别位于城址北、中、南三区，其中北区5处、中区1处、南区1处。

　　北区东部主要发现了3处相互关联的建筑基址。其中，一号建筑基址位于狮雄山南岗第一级平台中部，是北区东部的主体建筑。其上部结构早年因取土破坏严重，现存遗迹包括中部台基、建筑中部排水沟和围绕中部台基的环沟等。中部台基仅余基础部分和其上若干柱洞。已发现的遗迹表明，该建筑基址呈长方形，依山势走向，坐北朝南，方向351°，西高东低，东西长40、南

北残宽13～15米。台基上局部存有厚9～15厘米的废弃堆积，堆积中包含大量绳纹板瓦、筒瓦等建筑材料，应为建筑倒塌之后形成。排水沟位于台基中部，根据垫土中所含遗物、台基与排水沟的叠压打破关系推断，此建筑基址曾经历多次维修和改建。此次发现的环沟直接在第一级平台上开掘而成，自北、东、西三个方向包围一号建筑基址，平面呈不规则长方形，剖面为"V"形，南北约19.5、东西约52、口宽1.2～6.5米，方向与中部台基相吻合。结合以往发掘资料，环沟东段与20世纪80年代所发现的F1"东回廊"方向一致、结构相似、深度相当，可连为一体，应为同一遗迹。城址北区东部的建筑基址规模宏大，防御严密，推测应为官寺、衙署一类建筑遗迹。

　　城址北区西部主要包括2处建筑基址。其中，四号建筑基址位于北区东部一号建筑基址西侧的第二级平台上，是这一区域的主体建筑。在基址分布范围内，出土了大量纺轮、网坠、陶丸、石磨盘、石磨棒等生产工具。从已揭露的遗迹及钻探情况看，此处应是一座坐北朝南的房址。四号建筑基址内出土了大量纺轮、网坠、陶丸、石凿、石磨盘、石磨棒等生产工具，其附近不仅发现生产工具，还发现铁矿石、铁矿渣等生产原料和粟、稻、酸梅等20余种可作为粮食的植物标本，其西北侧还有陶窑和窑前堆积坑，据此推测四号建筑基址及其周围应为城址中的手工业作坊区。

　　城址中、南两区分别发现2处建筑基址。七号建筑基址位于中区北部，仅进行钻探调查。从钻探情况看，此处应为坐北朝南的一座大型夯土基址，南北长50、宽25、夯土厚2.5～3米，地表散见绳纹板瓦、筒瓦等建筑材料。该建筑基址北依山体，将南部环壕分为东、西两部分，很可能是联通城址南、北部之间的通道。五号建筑基址位于南区，目前发掘仅为其南部边缘的一部分，建筑垫土厚达1.3米，上部见有大量废弃的建筑材料，应是建筑倒塌后的废弃堆积，由于试掘面积较小，五号建筑基址的平面形状、结构等情况尚不明确。值得注意的是，五号、七号建筑基址之间的第三级平台面积广大，而其上房屋遗迹的规模则较小，如20世纪80年代发掘的F1、F2，较

大者仅55平方米，推测这一区域应为城址内的次级居住区。

狮雄山秦汉城址依地势营造，是一个以多重沟垒进行防御的聚落。目前，在城内各区块性质较为明确的情况下，可将城址整体划为三部分：衙署区（城堡）、手工业作坊区、平民居住区。由此来看，此城并非随意建造，而是有一定的城市建设规划，城址布局结构呈现出既模仿中原城市营造制度又因地制宜的建筑思想。

城址内出土遗物丰富，包括建筑材料、陶器、石器、铁器以及铁矿石、炭化植物标本等。

建筑材料是秦汉时期遗存中出土最多的遗物，以板瓦、筒瓦为主，瓦当次之，砖类最少。板瓦、筒瓦外面均饰绳纹，内面以凸麻点纹为主，其次为素面，亦有少数在麻点纹中拍印文字、符号。瓦当纹饰以涡树纹为主，涡点纹等其他纹饰暂未见有完整标本。铺地砖仅发现1块，素面，砖体两面扎有成排圆孔。

陶器包括瓮、罐、瓿、盆、釜、鏊、桶、盂、盅、熏炉、钵、器盖、盒、三足小盒、纺轮、网坠、权、丸等。陶质可分为泥质和夹粗砂两系，以泥质陶为主，多数含有细沙，夹砂陶仅限于釜等少数器物。生活用品以轮制为主，少数为手制轮修；器耳、足多为捏制，后加于器身。纹饰以印纹、弦纹和刻划纹为主，印纹中方格纹极为普遍，其次为几何戳印纹，绳纹仅见于釜、鏊的下腹部和底部；刻划纹中水波纹最为常见，此外还有篦点纹、锯齿纹等。

石器有凿、锛、刀、矛、磨盘和磨棒等，打制或磨制。铁器仅见釜1件，但残损较甚，难辨器形。

本次发掘出土钤印封泥达50余枚，所见文字主要有"定楬之印"、"定楬丞印"、"蕃"等，且封泥多有捆绑及所附器物的痕迹。

以往发掘的岭南秦代遗存大多淹没在战国晚期材料之中，此次工作区分出秦代和南越国时期的遗迹和典型器物，为岭南该时期考古学断代研究增添了新内容；对城址布局、结构的发现和认识，为秦汉城址类型的研究提供了重要资料；钤印封泥、陶文等文字材料的发现不仅为解读城址的年代与性质提供了新证据，也为研究秦汉疆域和南越国早期历史增加了史料。

（供稿：尚杰）

环壕北段发掘现场
Excavation-site of the Northern Section of the Moat

一号建筑基址（西—东）
No. 1 Building-foundation (photo from west to east)

围沟东段（南—北）
Eastern Section of a Surrounding Ditch (photo from south to north)

陶罐
Pottery Jar

陶瓮
Pottery Urn

陶鍪
Pottery *Mou* Cauldron

陶盆
Pottery Basin

陶盒
Pottery Box

陶罐
Pottery Jar

陶釜
Pottery *Fu* Cauldron

瓦当
Tile-end

筒瓦
Cylindrical Tile

"蕃"字封泥
"Fan 蕃"-inscribed
Earthen Sealing

"定楬丞印"封泥
"Ding Jie Cheng Yin 定楬丞
印"-inscribed Earthen Sealing

"定楬之印"封泥
"Ding Jie Zhi Yin 定楬之印"-
inscribed Earthen Sealing

廊庑台基西侧散水
Apron on the Western Side of the Platform of a Corridor

北段壕沟局部（西南—东北）
Part of the Northern Section of a Ditch (photo from southwest to northeast)

The Shixiong-Hill Site is situated at Tagang Village about 2,000 m southeast of Huacheng Town in Wuhua County, Guangdong Province. In 2011 to 2012, the Guangdong Provincial Institute of Cultural Relics and Archaeology carried out there the fifth season of survey, exploration and trial excavation, and discovered mainly the city-site. Up to the present the revealed vestiges include a man-made four-tier platform, a moat, a surrounding ditch, two east-to-west ditches, seven building-foundations, a pottery-firing kiln, three wells and 30 ash-pits. The unearthed objects consist of pottery, stone, earthen, wooden and iron cultural relics, as well as quantities of plant seeds, iron ore lumps and other remains of natural substance concerned with man's activities. A sort of interesting find is the groups of earthen-sealing lumps with stamps unearthed from ash-pits, mostly bearing clear legends, which are rare finds in the Region South of the Five Mountains. The present work sorted out Qin Period and Nanyue State Period vestiges and typical objects, added new contents to archaeological chronological studies for the Region South of the Five Mountains in those times, cleared the layout and structure of the city-site, and provided important material for the typological study of the Qin-Han Period city-sites.

山东章丘

东平陵城汉代制铁作坊遗址

IRON WORKSHOP-SITE OF THE HAN PERIOD ON THE DONGPINGLING CITY-SITE IN ZHANGQIU, SHANDONG

东平陵城位于山东省章丘市龙山镇闫家村北，泰沂山脉北麓，城子崖遗址东北约2公里处，西距济南约40公里，东距临淄齐故城约80公里，西北距黄河25公里。城址位于鲁北地区东西交通要道，地理位置非常重要。该城不仅是汉代济南国都城及济南郡首府，也是北方地区的手工业重镇，汉代在此设置工官、铁官。

2009年由山东省文物考古研究所、北京大学考古文博学院和济南市考古研究所联合申报的《山东章丘东平陵故城遗址保存研究项目》专项课题正式立项，为期五年。同年发掘制铁区，清理西汉中期制铁工场及熔铁炉等重要遗迹。2012年为配合领队班培训，继续发掘制铁区。本次发掘位于2009年发掘区的西部，布探方28个。

发掘区位于城内中部偏西，靠近西城墙，地势较低。本次发掘清理了一处晚期的制铁工场。制铁工场分布于整个发掘区，未能发掘完全。主要遗迹有熔铁炉、蓄水池、料坑等，出土器物有陶范、鼓风管、炉壁残块、铁条材和大量铁器。

制铁作坊位于第4层上的活动面上，大部分区域由于铸铁、锻造等活动被烧成红色，靠近熔铁炉的部分形成坚固的烧结面。作坊废弃后被多个灰坑及灰沟打破。整个活动面由西向东倾斜，西北部最高，东南部最低。

从整个发掘区的布局上看，本次发掘熔铁炉6座，除L7位于发掘区东南角外，其余5座排列在一条直线上，间隔约5米。整个发掘区以熔铁炉为界分成两部分，北部为排放炉渣的灰沟，南部为熔铁、铸造及锻打等活动的区域。

L6，保存较好，开口于第3层下，被H104打破，残存底部。平面为圆形，由炉缸、"金门"、炉壁等部分组成。"金门"向西，这与2009年发掘的L1、L2朝向不同。熔铁炉的基础不甚一致，西部由土坯烧结成的红烧土块垒成，至少可分为4层。第1层经过高温烘烤呈红色，烧结质地坚硬，厚9厘米；第2层为橙红色烧土，含大颗粒粗砂，厚11厘米；第3层为灰色，其间夹杂有瓦片，坚硬而致密，厚11厘米；第4层由红烧土坯平铺，厚9厘米。其下由于未发掘，情况不明。东部则为较杂乱的粉砂土，夹杂较多红烧土颗粒和炭粒。

L6的炉缸位于中间，由粗砂粒构成，直壁，底部低于外围烧结面，直径136、残高15厘米。炉缸外侧有较完整的3圈炉壁，另外局部似有第4、5圈的迹象。第1圈内侧有厚1厘米的砂质炉衬，外侧用14块长方形砖垒砌，砖之间夹耐火泥，砖长23、宽14、厚9厘米。第2圈用长方形砖和带弧度薄方砖砌成，转折处夹楔形砖，砖之间以耐火泥相连，薄方砖宽9、厚3厘米。第3层与第1层相似，唯外侧贴薄板砖并涂沫草拌泥，草拌泥呈弧形，厚4厘米，有的薄板砖与草拌泥交界处可见明显夯窝。此层砖和草拌泥下夹有铁片。第4圈仅南部留有痕迹，宽20厘米，也可能是修补的地方。第5圈残留有长方形砖和薄砖，分布于L6两侧烧结面上和"金门"两侧，结构应与内圈相同。

"金门"位于炉西部，平面略呈长方形，被破坏，残长56、宽66厘米。其底部与炉缸和炉外烧结面相接，两侧有砖砌炉壁，与最内圈相连。

L6周围有大面积烧结面，其中西侧和南侧保存最好。烧结面呈红色，坚硬，经夯打，有的地方可以看到夯窝的痕迹。在西侧烧结面上有一圆形耐火泥构成的炉底，另外从L6底部的多层红烧土堆积推断，存在同一地点多次筑炉行为。L9也有这种现象。

L11位于L6西侧，L10东侧。圆形，残存底部，炉膛内径126厘米，炉壁不存，外径不明。砂质炉膛内壁已被完全破坏，炉膛底略内凹。炉底残存厚5~10厘米的灰白色泥质耐火泥。炉膛的南端有残长94、宽45厘米"金门"，这座炉子坐北向南，与其他不同。

原料堆1位于L6西北部，开口于第2层下，叠压第4层，由较纯净的红色黏土构成。遗迹被打破较为严重，仅西部保存较好。在2009年的发掘中曾出土过类似的堆积，这种纯净的堆积较为特殊，我们推测是制作陶范的原料。

贮水池，开口于第3层下，打破第4层。平面近圆形，口部短径67、长径83厘米，底部短径53、长径72厘米，深97厘米。底部置放一圆形陶缸。坑内填土为红褐色细砂土，较疏松。包含大量木炭颗粒、红烧土颗粒、草拌泥、炉壁、瓦片、铁条材、铁器、铁锭、陶片等，其中出土铁条材共160片，重8千克。这种形制特殊的灰坑应该作为贮水池用，以提供铁器铸造或锻打过程中的用水。

北部的灰沟东西向贯穿整个发掘区，其北部发掘未完全。从发掘情况看，此灰沟在制铁作坊的使用过程中一直存在，至少使用了两期，主要用于排放炉渣。炉子废弃之后，又把炉壁、残铁器、瓦片等倾倒到里面。沟内堆积包含大量炉

制铁作坊遗迹局部（西—东）
Part of the Remains of the Iron Workshop (photo from west to east)

L6
Furnace L6

L6东侧堆积
Accumulations on the Eastern Side of Furnace L6

L6西侧烧结面
Sintered Surface on the Western Side of Furnace L6

L11
Furnace L11

灰沟内堆积细部
Detail of the Accumulations in an Ash-trench

原料堆1
Raw Material Heap

炉壁
Wall of a Furnace

贮水坑
Water-storing Pit

铁条材
Iron Bars

灰沟内堆积
Accumulations in an Ash-trench

薄泥砖
Thin Adobe

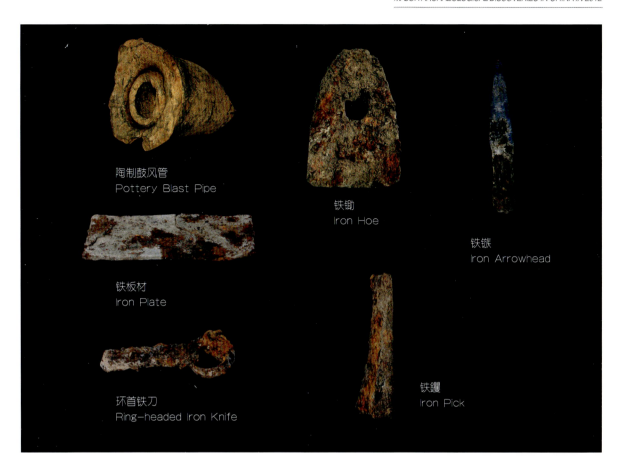

陶制鼓风管
Pottery Blast Pipe

铁锄
Iron Hoe

铁镞
Iron Arrowhead

铁板材
Iron Plate

环首铁刀
Ring-headed Iron Knife

铁钁
Iron Pick

渣、炉壁、残铁器、铁板材等遗物。

遗址出土器物有大量铁条材、铁器、陶范、鼓风管及炉壁等。条材较多，宽3～5厘米。发掘区内基本不见矿石等与冶炼相关的遗物，故可以推断铁条材应是在其他冶炼区制造的，输送到此后再熔铸或直接锻打成器。另外，陶范残块虽发现较多，但仅有铁锄范，并出土大量完整的铁锄。

从出土器物分析，我们初步认为这是一处东汉时期的制铁工场，其下限可能进入西晋。汉代为我国钢铁技术大发展的时期，东平陵城的制铁作坊由西汉中期发展至东汉，熔铁炉的结构在继承的基础上又有了改进。本次发掘为研究两汉时期钢铁技术的发展提供了一批重要的资料。

（供稿：张克思）

The Dongpingling City-site lies to the north of Yanjia Village of Longshan Town in Zhangqiu City, Shandong Province, about 2 km northeast of the Chengziya Site. In the year of 2009, an iron workshop-site with iron-smelting furnaces and other important vestiges of the mid Western Han Period were discovered on the site. In 2012, in coordination with the practice teaching of a training class of field work team leaders and according to the plan of the "Project of Preservation and Study of the Dongpingling City-site in Shandong Zhangqiu," the Shandong Provincial Institute of Cultural Relics and Archaeology continued to excavate the iron-working area of the site. They revealed iron-smelting furnaces, cisterns, raw material storing pits, *etc*, and brought to light quantities of iron bars, as well as iron implements, pottery molds, blast pipes and remains of furnace walls. An iron-smelting furnace remaining in good condition is so far the most intact among this sort of finding from the site. Judged by the vestiges and objects, this was an iron-working area for iron-smelting and -casting and steel-making operations. Thus the excavation provided a batch of important data for researching into the development of iron and steel producing techniques in those times.

山东昌邑

东利渔汉代窑址

HAN PERIOD KILN-SITE AT DONGLIYU IN CHANGYI, SHANDONG

东利渔窑址位于山东省昌邑市龙池镇东利渔村东南约2公里，北距现代海岸线约14公里，地表平坦，地势低洼，海拔仅2米左右。遗址所在地位于盐业遗址分布区内，东北为周代鄑邑故城遗址，正北有西周时期制盐遗址。

从2012年初开始，山东省文物考古研究所对东利渔遗址进行了有计划的调查、勘探，发现遗址平面呈不规则椭圆形，东北—西南向分布，总面积约46万平方米。2012年5～10月对遗址西南部进行大面积考古发掘，发掘面积2800余平方米，清理陶窑22座、灰坑130个、沟7条及水井2口。

遗址地层堆积分为2层：第1层，即现代耕土层，厚0.38～0.4米，黄褐色粉砂土，土质疏松，出土陶瓦残片等。第2层，厚0.28～0.3米，灰褐色黏土，较致密，堆积较为平整，出土陶板瓦、筒瓦残片等。该层与历年来的水流淤积有关。第2层下为生土。

陶窑为本次发掘的主要收获。这些陶窑分布具有一定规律，可分南、北两区，两区之间有一定的间隔，并大致形成对称的格局。北区12座，分南、北两排。南排6座，南北向，工作间均向南；北排6座，南北向3座，工作间向北，东西向

3座，2座工作间向东，1座向西。南区10座，8座南北向，其中7座工作间向北，1座向南，另2座东西向，工作间向东、西各1座。

陶窑结构基本相同，均由工作间、火门、窑室及烟道四部分组成。工作间多呈不规则圆形或椭圆形，直径2～4、深1～2米，底部均有放置灰烬的小坑。火门以青砖砌筑，多坍塌，宽不足1米，残高1～2米。窑室均呈漏斗形，由火膛和窑床两部分组成，长3～5、宽1.3、深0.5～2米。火膛平面近半圆形，壁由青砖横铺错缝垒砌，再用草泥涂抹。底、壁均经烧烤。窑床平面近似方形，底面平整，壁有的已坍塌，保存较好者，多由青砖横竖垒砌。窑室一端均有两个烟道，由室壁向外掏挖而成，平面呈圆形或椭圆形，整体呈袋状，口径0.5～1、深0.5～1米。窑工作间和窑室堆积内出土大量陶板、筒瓦残片。

以Y4为例。Y4位于发掘区的西部，南北向，方向13°。开口于第1层下。工作间向北，呈不规则椭圆形，南北3.2、东西2.06～3.26、深0.24～1.44米，底部凹凸不平，北侧及中部有凹坑，坑内填大量草木灰。火门朝北，呈长方形，底部有3层砖平铺错缝垒砌而成的门槛，两侧用单砖横铺叠压垒砌而成，宽0.6、残高1米。

窑室略呈漏斗形，由火膛和窑床两部分组成，长3.4、宽1.3～2.5、深0.72～0.96米。火膛平面近半圆形，低于门槛0.3米，底部呈环形，底面经烧烤。火膛壁厚0.1～0.18米，用青砖横铺错缝垒砌，再用草泥涂抹形成。窑床平面近方形，高出火膛0.12米，边长2米，底面较平整，已烧烤成青色。窑壁已全部倒塌。由窑室南壁向外直接掏洞，形成两个烟道，平面呈椭圆形，整体呈袋状，口径0.5～0.7、深0.66～0.7米。窑工作间和窑室堆积内出土大量陶板、筒瓦残片。

东利渔遗址出土器物主要为筒瓦、板瓦及瓦当残片，有的窑室底部铺有陶瓦碎片，另有少量铜钱、陶拍和陶罐等。部分筒瓦和板瓦上有印戳。瓦当分为半圆形与圆形两种。半瓦当数量少，纹饰以树木纹为主。圆瓦当数量较多，纹饰多为云纹。

从出土器物来看，东利渔窑址应为一处汉代烧制陶瓦的作坊遗址。此次发掘为汉代制瓦工艺的研究提供了重要的资料。同时，遗址位于不适于人类居住的卤水分布地带，或与汉代城址、盐业有一定的联系。

（供稿：党浩　王春云　王君卫）

遗址全景
A Full View of the Site

遗址发掘现场
Excavation-site of the Site

Y21
Kiln Y21

Y10
Kiln Y10

Y8窑室底部
Bottom of the Firing
Chamber of Kiln Y8

J2
Well J2

瓦当残片
Fragments of Tile—ends

圆形瓦当
Circular Tile—end

板瓦上的戳印
Stamp on a Flat Tile

The Dongliyu Kiln-site is located about 2 km southeast of Dongliyu Village of Longchi Town in Changyi City, Shandong Province. From early 2012-year, the Shandong Provincial Institute of Cultural Relics and Archaeology began to carry out there survey, exploration and excavation. In the excavated area of 2,800-odd sq m, they revealed 22 pottery-firing kilns, 130 ash-pits, seven gullies and two wells of the Han Period, and brought to light quantities of cylindrical and flat tiles and tile-ends. An important result of the excavation is the discovery of pottery-firing kilns, which are distributed regularly and fall into a southern and a northern areas with a certain space between them and a roughly symmetrical pattern formed in layout. Basically the same in structure, these kilns consist each of an operatiing room, a fire-door, a firing chamber and a flue. The excavation revealed rather completely remaining vestiges of a tile-making workshop, which provided important data for researching into the tile-producing technology of the Han Period. Meanwhile, it has been cleared that the Dongliyu Site is located in a zone unsuitable for man's living, which must have been concerned to a certain degree with a nearby Han Period city that was engaged in salt production.

四川屏山
骆家沟汉代遗址

LUOJIAGOU SITE OF THE HAN PERIOD IN PINGSHAN, SICHUAN

骆家沟遗址位于四川省宜宾市屏山县楼东乡田坝村六组，分布于金沙江北岸的一至四级台地上。遗址于2011年调查时发现并试掘，并确定为一处汉代遗址。遗址堆积较为丰富，面积约5万平方米，核心区域约1万平方米。

为配合向家坝水电站的建设，2012年3～9月，四川省文物考古研究院对该遗址进行了抢救性发掘，共清理汉代房址8座、墓葬13座、陶窑18座、灰坑82个、灰沟34条、灶9座，出土器物1700余件（组），其中钱币有"半两"钱、"五铢"钱、"货泉"和"大布黄千"等，陶器有釜、罐、钵、碗、豆、盆、盘、纺轮、网坠等，铜器有剑、镞、带钩、盖弓帽等，铁器有刀、削等，建筑构件有筒瓦、板瓦和瓦当等，以及少量玉石器。

从目前的发掘情况来看，遗址年代从西汉中晚期一直延续到东汉时期，以西汉晚期堆积为主。从遗址功能上来看，主要包括居住区、手工业区和墓葬区，是一座功能较为完备的聚落遗址。

居住区位于遗址中部，主要有房址、灰坑和灰沟等遗迹。目前发现的房址有8座，均为地面建筑，主要包括两种建筑形式。其一为木骨泥墙式，以F4为代表。F4地上部分已毁，仅存部分柱洞和柱石。从残留的建筑遗迹来看，F4呈长方形，南北长约8、东西宽约5米，面积约40平方米。在F4内的东北部发现有红烧土堆积，平面大致呈椭圆形，直径1米左右，推测为灶膛所在。门道位于F4西南部，残长约1.2、宽约1.7米。从门道的朝向分析，F4应为坐北朝南。其二为石块垒墙式，以F3为代表。F3以石块垒筑而成，地面以上尚存部分石质墙体。房址呈长方形，东西长约6.9、南北宽约4.3米，面积约29.7平方米。F3的门道朝北，由石块平铺而成，残长约2.1、宽约1.7米。房址内出土陶网坠、陶纺轮、残铁器、石器和"半两"铜钱等。由于埋藏较浅，本次发现的房址均遭到了不同程度的破坏，但从清理的情况来看，房址规模均不大，大部分为单间，结构较为简单。

手工业区位于遗址西部，目前发现有陶窑18座，多数分布于一条自然冲沟两侧的坡地之上。陶窑保存较好，从结构上来看，大体由烧成室、燃烧室、窑箅、火道、火门和操作间等部分组成。以Y1为例，其平面呈圆形，剖面呈平底袋形。上部为烧成室，下部为燃烧室，中间为窑箅。燃烧室和烧成室均为人工掏凿，然后用泥坯修葺而成。经过长时间火烧后在内部形成了较厚的烧结面。烧结面的颜色由内而外依次由青灰色渐变为红色。火门位于窑体下部，与燃烧室相通，朝向东南，立面呈长方形，高约0.5、宽约0.25米。Y1的窑箅已经塌陷，从塌落到燃烧室内的窑箅残块来看，上面原应有"十"字形火道。窑前有操作间，平面不甚规则，长约1.5、宽约1米。操作间内清理出大量陶片和草木灰堆积。此次发现的这批陶窑体量均不大，窑室直径在1米左右，均属竖穴式升焰窑。从出土器物来看，其功能应以烧制网坠和碗、盘等小型陶器为主。部分陶窑的燃烧室内尚残留有燃料，主要为草木灰，故推测其应以树木或竹子为主要燃料。

墓葬区位于遗址东部，目前发现墓葬13座，主要为竖穴土坑墓。以M17为例，墓坑平面呈长方形，长约3.5、宽约1.2米，方向150°。墓葬开口于耕土层下，打破生土层，开口距地表约0.2米，墓坑残深约0.4米，填土为黄褐色砂质黏土。墓室中部发现人骨一具，仰身直肢，头向东南。未发现葬具。随葬品主要摆放在头部，有罐、釜、盆和盘等陶器及锸、削和斧等铁器，另在墓坑内还发现有少量兽骨，当是有意随葬。本次发掘的墓葬大部分遭到严重盗掘，随葬品不多，但分布较为集中，相互之间无叠压打破关系，应是有计划的埋葬。

骆家沟遗址是金沙江下游北岸地区发现的一处较为完整的聚落遗址，是该地区汉代乡村聚落的典型代表。该遗址的发现为我们研究金沙江下游地区西汉晚期的聚落形态和社会制度提供了珍贵资料。同时，在遗址内出土了12000余枚陶网坠，均为本地陶窑烧造，并有可能供给周边聚落使用，这对我们研究该区域汉代的经济形态和贸易路线具有重要意义。

（供稿：刘志岩）

遗址发掘现场
Excavation-site of the Site

遗址手工业区局部（南—北）
Part of the Handicraft Area of the
Site (photo from south to north)

G13出土陶釜
Pottery *Fu* Cauldron
from Ash-trench G13

G13出土陶瓮
Pottery Urn from
Ash-trench G13

G5出土陶盆
Pottery Basin from
Ash-trench G5

陶纺轮
Pottery Spindles

陶网坠
Pottery Net-weights

货泉、大泉五十、大布黄千
Coins "*Huo Quan* 货泉", "*Da Quan
Wu Shi* 大泉五十" and "*Da Bu Huang
Qian* 大布黄千"

铜盖弓帽
Caps for Canopy Ribs

铜带钩
Bronze Belt-hooks

铜镞
Bronze Arrowheads

遗址墓葬区全景（东—西）
A Full View of the Burial Area of the Site (photo from east to west)

M17
Tomb M17

Y3
Kiln Y3

F6
House-foundation F6

The Luojiagou Site lies at the sixth community of Tianba Village in Luodong Township within Pingshan County of Yibin City, Sichuan Province, with the vestiges distributed on the first to fourth terraces by the northern bank of the Jinsha River. In March to September 2012, the Sichuan Provincial Institute of Cultural Relics and Archaeology carried out there salvage excavation. In the opened area of 6,530 sq m they revealed eight house-foundations, 13 tombs, 18 pottery-firing kilns, 82 ash-pits, 34 ash-trenches and 9 cooking ranges, and brought to light above 1,700 pieces/sets of objects. The presently known excavation results indicate that the site consists of mainly three areas for dwelling, handicraft and corpses burial respectively, and in date can be attributed to the time from the mid-and-late Western Han to the Eastern Han Period, with the cultural layers of the late Western Han as the main remains. The 12,000-odd pottery net-weights unearthed from the site are all made at this locality and might have been produced partly for the settlements in the vicinity. The excavation provided new data for studying the settlement form, economic condition and trade routes of the Han Period in the lower valley of the Jinsha River.

宁夏中卫
常乐汉墓2012年考古发掘

2012-YEAR ARCHAEOLOGICAL EXCAVATION OF HAN PERIOD TOMBS AT CHANGLE IN ZHONGWEI, NINGXIA

常乐墓地位于宁夏中卫市沙坡头区常乐镇南2.5公里太青山北麓南北向延伸的舌状山前台地上。该墓地最早发现于1985年，墓葬分布区域达数万平方米。为配合"西气东输"、"中营高速公路"等国家或自治区重点工程建设，宁夏文物考古研究所、中卫市文物管理所组织专业人员，先后于2002年、2004年和2009年对该墓地开展过三次考古发掘工作，发掘墓葬近百座，出土各类文物500余件（组）。墓葬形制包括土坑墓、石室墓、砖室墓等多种类型，出土文物以铜钱、陶器为主，墓葬时代从西汉中期延续至东汉早中期。墓主骨骸经鉴定，主要属蒙古种近代东亚类型。

2012年5～11月，为配合"西气东输"三线工程，宁夏文物考古研究所在该墓地南部区域进行了第四次考古发掘。本次发掘按地形及墓葬分布情况，分东、西两区进行，西侧为Ⅰ区，东侧为Ⅱ区。两区中间隔南北向山洪冲沟，相距约300米。本次共发掘墓葬25座，其中汉代墓葬24座、清代墓葬1座、扰乱坑2个。汉墓中，6座为双人合葬墓，其余均为单人葬。

墓地Ⅰ区北侧紧临定（边）—武（威）高速公路，发掘墓葬12座，编号为12SCM1～12SCM11、12SCM25。其中M10打破M11，属清代墓葬，其余均为汉墓。Ⅰ区墓葬分布较为密集，墓葬形制多样，汉墓间无打破关系。有小型长方形土坑墓3座（M1、M2、M25），其余均为中型的南北向带斜坡墓道的"凸"字形洞室墓，

其中砖室洞室墓2座（M5、M7）、石室洞室墓1座（M3）、木椁洞室墓5座（M4、M6、M8、M9、M11）。由于平田取土，M1仅存墓底，人头骨已无存，M8墓葬仅存墓道，墓室被完全破坏，K1可能为一座遭平田取土破坏的砖室墓，坑内出土有残人骨两具及"五铢"钱、琉璃耳珰等随葬品。其余墓葬上部1～2米的表土层已被破坏，现存墓葬长多为5～7米，墓道前端多有破坏，但墓葬形制基本清楚。

Ⅱ区北侧紧临"西气东输"二线管线与定（边）—武（威）高速公路，二线管线地带为2009年发掘区域，本次发掘墓葬在其南侧。共发掘墓葬13座，编号为12SCM12～12SCM24，均为汉墓。墓葬分布亦较为密集，其中M22、M23分别从北、南两端打破M24。有小型长方形土坑墓6座（M12、M14、M16、M20、M23、M24），余为中型东西向带斜坡墓道的"凸"字形洞室墓，其中木椁洞室墓6座（M13、M17、M18、M19、M21、M22）、石室洞室墓1座（M15）。K2亦可能为一座遭平田取土破坏的土坑墓，坑内出土扰乱人骨1具。M20墓主为青年女性，出土时缺头骨，较为特殊。M22墓室后期有自燃现象，墓室棺椁、人骨及随葬品烧毁严重。M24头骨被M22挖墓道时损毁或搬移。其余墓葬人骨基本完整，均为仰身直肢葬。30具人骨经鉴定，可确定性别的有男性12具，女性15具，死亡年龄多集中在25～35岁的青年阶段。男女合葬墓中，男性墓主

均处于右侧。发掘的大部分墓葬埋葬不久即遭盗扰，人骨移位，整体保存状况不佳。

本次发掘出土各类文物270余件（组）。随葬品以陶器、漆木器、铜钱为主，及少量车马明器。陶器以罐、壶、灶、釜、甑、灯等为主；铜器有镜、带钩、铃铛等；漆器有盒、案、耳杯、木筷等，大部分器表有彩绘，彩绘以红黑彩及黑彩云气纹为主；木质器物有彩绘几案、鸠杖、木屋、木俑以及车、舂等农具明器和木梳、印章、手杖等实用器；铜钱以"货布"、"货泉"等莽钱以及汉武帝至汉宣帝时期的"五铢"为主，其中"大布黄千"、"契刀五百"等新莽时期的货币在本地区以往发掘中较为少见，另有一些铅锡车马明器及琉璃料器等随葬品。12座墓室内出土的动物骨骼经鉴定，有猪9具、羊4具（山羊1具）、牛1具、狗1具，除1具羊骨外，其余均为幼小的未成年个体。另有一些鸡等禽类骨骼，部分明显属加工过的熟食祭祀品。从随葬品的规格、组合及畜禽种类分析，墓主身份应属汉代拓边平民。

本次发掘中有2座墓葬因未遭盗扰，整体保存较好。其中M7为南北向带棺床的单室砖墓，属男女双人合葬墓。墓室内随葬品基本保持原状，墓室后部砖砌棺床上南北向并置木棺两具，棺底板已朽残。棺床前地面散放有封门余砖及支棺的短木柱。东棺棺盖上放置陶灶、陶壶等少量随葬品，棺内葬一40岁左右中年女性，随葬有铜镜、木梳、木印章等女性妆奁物以及铜铃、玉石块等玩赏物。其余大部分随葬品置于西棺上，有彩绘木几案、丝织衣物、手杖和彩绘的木狗、木鸡、木屋明器以及陶壶等陶器，棺帮上的封棺束腰隼上墨书有"一"至"六"的编号题记。棺内为一60岁左右老年男性，人骨较为粗壮，头部有砍痕及尚未愈合的锐器创孔，系非正常死亡。头骨从形态观测出的长颅型、突出的面部扁平度、隆起的鼻骨等方面均表现出典型欧罗巴人种特征，

M7墓室内部
Interior of the Burial Chamber in Tomb M7

M17全景（西—东）
A Full View of Tomb M17 (photo from west to east)

M17棺内人骨出土情况
Human Skeleton in Excavation from the Coffin of Tomb M17

在该地区同期墓葬人骨鉴定中少见。棺内随葬一铁刀，另外墓室内还出土车马明器、漆器及剪轮"半两"、"大泉五十"等钱币，为墓葬断代提供了依据。

M17为东西向带墓道的木椁洞室墓。椁室用木柱围成，上下铺盖厚木板，隔潮防腐效果明显。墓室打开后棺木保存完好，棺盖上前后放置两个竹筐及木屋模型，顺棺盖放置有木质彩绘鸠杖及木几案，另有灶、罐等陶器以及"五铢"钱。棺前地面放置案、盒、耳杯、木筷等漆木器及罐、灯等陶器，漆盒内盛食物，罐内盛有粮食，各类随葬品保存状况均较好。后部竹筐内主要盛放鸡蛋、肉串、排骨等，筐底竹篾上有标记随葬物的墨书题记。前部竹筐内有盛放作物种子的纱织包裹，棺前陶罐内亦盛放粮食，可辨有麻子、谷子等。出土木屋由木板拼接而成，内有木俑、木鸡、木狗、木牛以及木春等木质明器。棺内尸骨虽朽，但体表衣物尚存，上身穿细麻布衣，面部蒙白色丝织物，脚穿白底黑面鞋，身下铺草席。鸠杖是长者地位的象征，拥有鸠杖彰显出对老人至高尊崇之意，亦为老人享有特权的标志。该墓随葬鸠杖，显示墓主生前应是一位厚德长者。鸠杖虽在先秦时期即已出现，但受材质及保存环境所限，目前国内出土实物并不多。

常乐墓地本次发掘墓葬时代以西汉末新莽时期至东汉早期为主，汉代时今宁夏中卫一带属安定郡下晦卷县管辖，该墓地的发现与发掘为研究该地区当时社会经济发展水平与葬俗礼仪提供了实物资料。

（供稿：王仁芳　陈晓桦）

M7出土木几案
Small Wooden Table from Tomb M7

M7出土木印章
Wooden Seal from Tomb M7

M7出土木屋彩绘局部
Part of the Color-painted Wooden House in Tomb M7

M17出土木鸠杖
Wooden Staff from Tomb M17

M17出土竹筐细部
Detail of the Bamboo Basket from Tomb M17

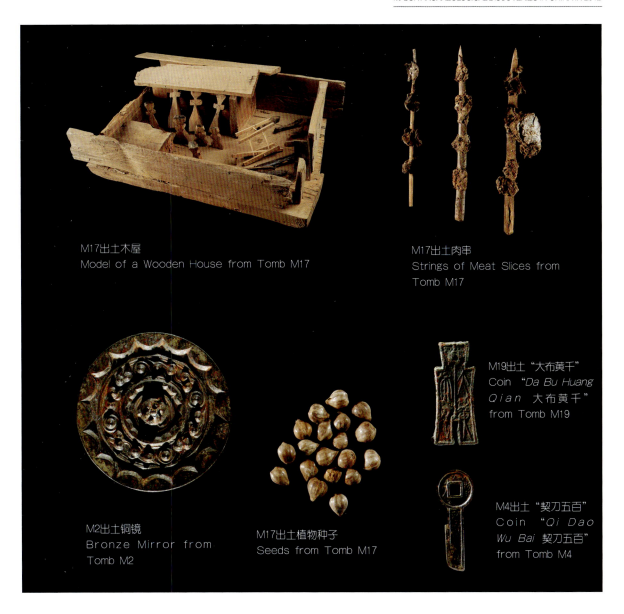

M17出土木屋
Model of a Wooden House from Tomb M17

M17出土肉串
Strings of Meat Slices from
Tomb M17

M19出土 "大布黄千"
Coin "*Da Bu Huang
Qian* 大布黄千"
from Tomb M19

M2出土铜镜
Bronze Mirror from
Tomb M2

M17出土植物种子
Seeds from Tomb M17

M4出土 "契刀五百"
Coin "*Qi Dao
Wu Bai* 契刀五百"
from Tomb M4

The Changle Cemetery lies 2.5 km south of Changle Town of Shapotou District in Zhongwei City, Ningxia, at the northern foot of Taiqing Hill, on a tongue-shaped hill-foot terrace. In May to November 2012, the Ningxia Provincial Institute of Cultural Relics and Archaeology carried out the fourth archaeological excavation in the southern area of the burial ground. They revealed 24 Han Period tombs, of which 15 are medium-sized cave-type graves furnished with a sloping tomb-passage and shaped like the character "凸", while the rest are small-sized rectangular earthen pits. The unearthed objects number 270-odd pieces/sets, falling into pottery, lacquered ware and bronze coins. Tombs M7 and M17 remain beyond robbery, their funeral lacquered wooden articles and fabrics are in a rather good condition, and the coffins and human skeletons are roughly intact, which is a rare phenomenon among the Han tombs so far excavated in this area. In date the Changle tombs excavated this time go back largely to the time from the Western-Han Xinmang Period to the early Eastern Han, when Ningxia Zhongwei and its vicinity was under the jurisdiction of Xunjuan County of Anding Prefecture. The excavation of the cemetery provided material data for studying the level of social and economic development as well as burial ritual in those times.

河北临漳邺城遗址赵彭城北朝佛寺及北吴庄佛教造像埋藏坑考古发掘与收获

ARCHAEOLOGICAL EXCAVATION OF THE ZHAOPENGCHENG BUDDHIST TEMPLE-SITE OF THE NORTHERN DYNASTIES PERIOD AND THE BEIWUZHUANG BUDDHIST IMAGE HOARD ON THE YECHENG CITY-SITE IN LINZHANG, HEBEI

邺城遗址位于河北省临漳县西南约20公里处，由南北毗连的邺北城和邺南城组成，是曹魏、后赵、冉魏、前燕、东魏、北齐六朝国都。1983年起，中国社会科学院考古研究所和河北省文物研究所组成的邺城考古队开始对邺城遗址进行全面勘探、发掘工作。

2002年，邺城考古队在东魏北齐邺南城南郭城区发现了赵彭城北朝佛寺遗址。该佛寺位于临漳县习文乡赵彭城村西南约200余米处，邺南城正南城门朱明门外中轴大道东侧，北距邺南城南墙约1000米。邺城考古队迄今陆续勘探、发掘了佛寺围壕、塔基、廊房和建筑基址等，对其布局与形制有了一定了解。寺院坐北朝南，平面近方形，由宽5～6、深约3米的壕沟围合而成。围壕南北长约452、东西宽约434米。高大的方形木塔塔基位于佛寺中轴线偏南，佛寺东南角和西南角各有一处方形大型院落，院落四面由廊房围合而成，边长约110米。

2011年10月～2012年1月，邺城考古队发现并发掘了佛寺东南院中央的大型殿堂式建筑及附属建筑基址，发掘面积约2000平方米。该建筑基址东西36.6、南北23.4米，由地上夯土台基和地下夯土基础两部分组成。地上台基部分破坏较严重，残留部

分未发现柱础石或础石坑。值得注意的是，在台基中部及东、西、北边缘零星发现多处或方或圆类似柱洞的痕迹，直径30～80厘米，共可确认37处，大致分为6行7列。这些柱洞南北相邻者间距2.5～5米，东西相邻者间距5～10米。多处柱洞内堆积发现白灰墙皮，但未发现木柱朽痕，故推测这些柱洞痕迹或与拆除建筑时搭建的脚手架类简易结构有关。地下夯土基础部分清晰，由四周呈"回"字形的边框夯土和中部六道南北向平行分布的条形夯土构成，每条条形夯土一般宽约2.5～3.5米。若将边框夯土基础计入，可视为东西排列有8道条形夯土，若与地上柱础结构对应，则该建筑为面阔七间的大型殿堂。该建筑基址东西两侧的南端有连廊式建筑与院落东西两侧廊房相连。连廊式建筑东西长约28、南北宽约7.5米，仅存地下夯土基础部分。连廊基础由两道宽2～2.5米的条形夯构成，西连廊南北两侧也发现了对称分布的11个柱洞，相邻柱洞间距约4.5～6米。

2012年4～5月，在赵彭城佛寺中轴线北端、南距塔基约240米处，发现了一处大型夯土建筑基址。经局部发掘可知，该建筑由地上夯土台基和地下夯土基础两部分组成，原地面上的长方形夯土台基已被严重破坏，其边侧发现残留的铺砖痕迹；地面以下的夯土基槽保存完整，其东西约38、南北约24.2米。

上述大型建筑规模及建造技术基本一致，应在赵彭城北朝寺院中承载重要的功能。此外，在该佛寺遗址内还发掘了寺院南部围壕正中的南部通道。通道中部现存一条不规则长方形浅沟，可与东、西两侧寺院围壕连接，两侧围壕保存较好，沟内均有多次淤积痕迹，近沟底处还发现有较多呈一定规律的陶瓦片堆积。该通道虽被严重破坏，但推测其为下部埋设管道的路桥式通道，复原宽约7米。通道周围未发现建筑痕迹。

此外，2012年1月，邺城考古队对北吴庄佛教造像埋藏坑进行了发掘。该地点位于习文乡北吴庄北地、今漳河南堤北侧的漳河河滩内，在东魏北齐邺南城内城东城墙东约3公里处，即邺城考古队研究推测的东外郭城区内。

经发掘可知，佛教造像埋藏坑之上覆盖了漳河泛滥的河道流沙近5米厚，在当时的地面开挖了一个专为埋藏佛教造像的不规则方形土坑。土坑边长约3.3、深约1.5米，坑壁除东南部为斜壁坡底外，

赵彭城佛寺南部围沟正中通道
Passage-way over the Southern Moat of the Zhaopengcheng Buddhist Temple

赵彭城佛寺南部围沟内板瓦堆积
Heap of Flat Tiles in the Southern Moat of the Zhaopengcheng Buddhist Temple

其余各壁均较陡直，坑底部较平整。埋藏坑内出土佛教造像数量众多，测量编号的出土佛教造像共2895件（块），另有造像碎片78袋，总数近3000块（片）。出土造像以汉白玉造像为主，极少数为青石造像和陶质造像，埋藏之初佛像码放密集，佛像之间没有明显分层或用土间隔的迹象，因此部分汉白玉佛像也有在坑内被挤压碎裂的现象。经初步整理，这批造像的时代多数为东魏北齐，个别为北魏晚期和隋唐时期，发现有题记的造像达二百余件；大多数造像表面残存有贴金和彩绘痕迹。造像样式

赵彭城佛寺中轴线北部大型建筑基址
Large-sized Building Foundations in the Northern
Section of the Central Axis of the Zhaopengcheng
Buddhist Temple

北吴庄佛教造像埋藏坑出土彩绘贴金佛首
Color-painted Gold-foiled Buddha Head from the
Beiwuzhuang Buddhist Image Hoard

北吴庄佛教造像埋藏坑出土彩绘贴金造像背屏
Back-screen of the Color-painted Gold-foiled
Statue from the Beiwuzhuang Buddhist Image Hoard

北吴庄佛教造像埋藏坑遗物出土情况
Objects in Excavation from the Beiwuzhuang Buddhist Image Hoard

除华北地区常见的中小型汉白玉背屏像外，还有部分大中型单体圆雕造像，题材涉及释迦、弥勒、药师、卢舍那、观世音、思惟太子以及释迦多宝等。从综合埋藏坑地层关系与出土佛像时代特征可以判断，埋藏坑年代不早于唐代。

邺城遗址赵彭城北朝佛寺大型建筑基址与北吴庄佛教造像埋藏坑的发现与发掘是中国佛教考古最重要的收获之一，其寺院布局和出土的大批佛教造像具有重大的学术、艺术和历史价值。可归纳如下几个方面：

其一，赵彭城北朝佛寺大型建筑遗迹和北吴庄埋藏坑，地层关系明确，时代特征显著，为今后研究东魏北齐邺城的都城制度、外郭城范围、东郭城区时代沿革提供了重要线索。

其二，北吴庄佛教造像埋藏坑出土造像数量众多、类型丰富、层位关系明确，是建国以来出土数量最多的佛教造像埋藏坑。出土造像工艺精湛、造型精美，多数保存有较好的彩绘和贴金痕迹，显示了北朝晚期邺城作为中原北方地区佛学和文化艺术中心的历史地位。这批造像时代跨北魏、东魏、北齐、北周、隋和唐代，并有大量有明确纪年的造像，为研究北朝晚期至隋唐时期邺城地区佛教造像的类型题材提供了可靠标本。

其三，赵彭城北朝佛寺中大型建筑中建造技术（如条形夯土基础等）值得关注，建筑遗址出土的砖瓦等建筑构件遗物制作精细规整，这些技术和建筑构件的使用，在隋唐时期、日本奈良时期大型建筑中均得到印证，为邺城建筑技术源流的研究提供了重要学术资料。

赵彭城北朝佛寺是迄今发现的中国古代最高级别的佛寺遗址之一，是以佛塔为中心、中轴线上建造大型殿堂式建筑、多院落式布局的大型佛寺，为以往北朝佛寺遗址中所未见，结合此次北吴庄佛教造像埋藏坑出土的大量北朝佛教造像，有力地证明了邺城作为六世纪中国北方佛教中心的地位。

（供稿：朱岩石　何利群　沈丽华　郭济桥）

北魏太和十九年刘伯阳造释迦像
Statue of Sakyamuni Made by Liu Boyang in the 19th Year of Taihe Era, Northern Wei Period

东魏天平四年智徽造观世音像
Statue of Avalokitesvara Made by Zhi Hui in the Fourth Year of Tianping Era, Eastern Wei Period

东魏武定四年道智造释迦像
Statue of Sakyamuni Made by Dao Zhi in the 4th Year of Wuding Era, Eastern Wei Period

北齐天保元年长孙陆造阿弥陀像
Statue of Amitabha Made by Zhangsun Lu in the First Year of Tianbao Era, Northern Qi Period

北齐白石背屏式造像
White Stone Statues with Back-screen of the Northern Qi Period

北齐白石透雕龙树背屏式造像
White Stone Statues with Open-worked Dragon-tree-shaped Back-screen of the Northen Qi Period

白石菩萨头
White Stone Bodhisattva Head

北齐青石立佛像
Livid Stone Statue of a Standing Buddha of the Northen Qi Period

北齐白石菩萨立像
White Stone Statue of a Standing Bodhisattva of the Northen Qi Period

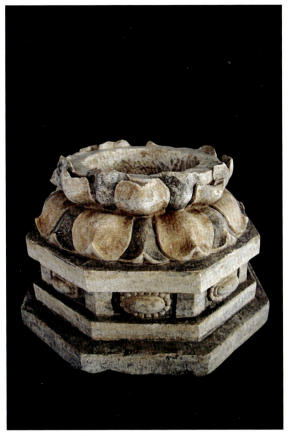

八边形白石莲花像座
Octagonal Lotus-flower-shaped White Stone Pedestal

白石造像塔
White Stone Pagoda with Statuettes

The Yecheng City-site lies about 20 km southwest of Linzhang County, Hebei Province. In 2002, the Yecheng Archaeological Team from the Institute of Archaeology of Chinese Academy of Social Sciences and the Hebei Provincial Institute of Cultural Relics discovered vestiges of the Northern Dynasties Period Buddhist Temple in the outer city of Yenan City of the Eastern Wei and Northern Qi Period; in 2011 to 2012, they carried out excavation on the large-sized building-foundations of the temple, namely those in the center of the southeastern courtyard and those at the northern end of the central axis, which brought about important achievements. In 2012, the team conducted salvage excavation of a Buddhist image hoard at Locus North of Beiwuzhuang in Xiwen Township, and brought to light 2,895 pieces/

fragments of Buddhist statues, which go back to the Eastern Wei and Northern Qi Period except for a few belonging to the late Northern Wei and Sui-Tang periods. Most of the statues bear traces of gold foils and color paintings, and inscriptions were discovered on more than 200 images. Judged by the stratigraphical evidence of the hoard and the chronological features of the unearthed Buddhist statues, the hoard should be dated to the time no earlier than the Tang Dynasty. The discovery and excavation of the Buddhist remains on the ruins of Yecheng City constitute one of the most important results in the archaeology of Chinese Buddhism, and the layout of the Buddhist temple and the unearthed Buddhist images of the Northern Dynasties Period are all of great academic and artistic value.

西安北周
张氏家族墓

ZHANG FAMILY TOMBS OF THE NORTHERN ZHOU PERIOD IN XI'AN

2010年6月～2012年8月，西安市文物保护考古研究院为配合西安航天基地服务外包产业园内基建项目，在西安市长安区韦曲街道办高望堆村西清理发掘4座北周时期墓葬。其中3座纪年墓，分别为天和二年（567年）张猥墓、建德元年（572年）张政墓和天和六年（571年）张盛墓，另一座编号M3，为北周时期家族墓。出土了陶俑、铜镜、石棺等大量器物。

张猥墓，长斜坡墓道单室土洞墓，坐北朝南。由墓道、甬道、封门、墓室四部分组成。墓道平面呈梯形，南宽北窄，长7、南宽1.24、北宽0.88、坡长8、深4.9米。甬道为拱顶土洞式，长0.6、宽1.24、高1.4米。封门位于甬道南端，为两排条形青砖横向并列错缝平砌而成。墓室呈方形，南北2、东西2.14、壁高1.6米。顶部已塌，从残留迹象看，原应为穹隆顶。该墓早年已被盗扰，甬道顶部有直径约0.76米的盗洞。墓室内未发现棺木痕迹，西北部有散乱的人骨，葬式、葬具不清。出土铜钱、铁镜及墓志一

合。铜钱、铁镜位于墓室西北部，墓志位于墓室口。

根据墓志记载，墓主张猥，字奴猥，南阳白水人，后移居长安。为战国时韩国国相张开地、张平及汉代张良的后裔。张猥一生笃信佛教，好讲佛经，晚年及假京兆郡守。享年九十一岁，以北周天和二年（567年）十月十七日迁葬万年县胄贵里，赠雍州骆谷镇将。张猥有三子，景遵（张政）、景保、景兴（张盛）。

张盛墓，位于张猥墓正北约30米处。长斜坡墓道单室土洞墓，坐北朝南，平面呈"甲"字形，自南向北依次由墓道、甬道、墓室三部分组成。墓道平面呈南宽北窄的梯形，长斜坡底，长4.9、南宽1.2、北宽1米。甬道平面呈长方形，拱顶，顶及东西两壁上部已坍塌，长0.5、宽1.42米。土坯封门，已倒塌。墓室平面为横长方形，穹隆顶。顶及四壁已坍塌，东西2.42、南北2.16、四壁残高1.1米。墓室淤土内发现棺木朽痕，扰乱严重，尺寸不详。墓室西北角发现两个

头骨及大量散乱人骨。由于该墓被严重盗扰，仅出土铁铺首、银簪及墓志一合。

根据墓志记载，墓主张盛，字景兴。京兆郡守、洛谷镇将张猥三子。魏文帝时任殿中外监，历任司士上士、吏部上士、平东将军、洛州别驾摄长史。天和六年（571年）七月廿四日薨于州治，享年五十四岁，赠平东将军宜州刺史，天和六年十月十日葬于京城南。

张政墓，位于张盛墓正西25米处。长斜坡墓道单室土洞墓，坐北朝南，开口扰土层下。平面呈"甲"字形，自南向北依次由墓道、过洞、天井、甬道、墓室组成，总长11.52、墓室深5.6米。墓道平面呈南宽北窄的梯形，长斜坡底。墓道长3.3、南宽1.3、北宽0.9米。过洞已塌，长1.7、底宽1.3米。天井被盗洞打破，从上部坍塌至底部。甬道平面略呈北宽南窄的梯形，拱顶，顶及东西两壁上部已坍塌，长0.8、北宽1.4、南宽1.3米。墓室平面为横长方形，穹隆顶，顶及四壁已坍塌，东西3.3、南北2.5、壁残高1.2米。

张政墓石棺内人骨出土情况
Human Skeleton in Excavation from the Sarcophagus of the Zhang Zheng Tomb

张政墓墓室（东—西）
Burial Chamber of the Zhang Zheng Tomb (photo from east to west)

张政墓骑马仪仗俑出土情况
Tomb-figurines of Processional Attendants on Horsebacks in Excavation from the Zhang Zheng Tomb

甬道及墓室南部出土武士俑、风帽俑、笼冠俑、骑马俑、执箕女俑、镇墓兽等陶俑和陶井、陶磨、陶灶等模型明器及墓志一合。墓室北侧放置一东西向青石质石棺，长2.2、宽1.01、高1.12米。由盖、底、头挡、足挡及南北两块棺帮组成。棺盖呈圆弧状，阴线刻四朵莲花及一畏兽头，头挡刻朱雀；足挡刻玄武；北侧棺帮刻青龙；南侧棺帮刻白虎。棺内有三具人骨，随葬一面铜镜和东罗马金币一枚。

根据墓志记载，墓主张政，字景遵，南阳人，张猥长子。大统年间，宇文泰创立府兵制，张政以乡帅领乡兵，东征西讨，屡有战功。除旷野将军，殿中司马，寻授襄威将军，给事中，俄转宁远将军，右员外常侍，诏授镇远将军。北周建德元年（572年）五月十七日卒于长安永贵里，享年六十二岁，以其年十一月十一日下葬。

M3与张盛墓、张政墓并列，东距张盛墓10米，西距张政墓15米。M3墓葬形制与张盛、张政两墓基本相同。墓室北部设东西向生土棺床，棺床上置一木棺，已朽，合葬两具人骨，头西足东，仰身直肢。棺床高0.6米，棺长2.1、西宽0.9、东宽0.8米。该墓亦被严重盗扰，出土布泉、铜带扣各1件。

根据M3的墓葬形制与出土的北周布泉一枚，可见其与张盛、张政墓时代相近。从所在位置来看，此墓又与两座张氏墓并排，且居于二者之间。张猥墓志载其有子三人，景遵（张政）、景保、景兴（张盛）。因此推测该墓主人为张氏家族成员，目前该墓资料正在整理之中。

北周张氏家族墓地的发现，为研究关中地区北周墓葬形制、丧葬习俗、墓葬排列及出土器物演变提供了丰富的实物资料。墓志记载张猥葬于万年胄贵里，张政卒于长安永贵里，这为北周时期长安城乡里研究提供了重要线索。同时志文中关于张氏父子生平、入仕等内容的记载，也有补史的作用。张政墓出土的石棺，保存完整，线刻细致，棺盖刻神兽、畏兽和莲花等图案，棺身四周刻青龙、白虎、朱雀和玄武四神，对石刻艺术具有重要意义。

（供稿：杨军凯　辛龙　郭永淇）

张政墓出土风帽俑
Tomb-figurine of a Servant in a Hood from the Zhang Zheng Tomb

张政墓出土笼冠俑
Tomb-figurine of a Maid in Hat from the Zhang Zheng Tomb

张政墓出土执盾武士俑
Tomb-figurine of a Shield-holding Warrior from the Zhang Zheng Tomb

张政墓出土执箕女俑
Tomb-figurine of a Maid with a Pan in the Hand from the Zhang Zheng Tomb

张政墓出土人面镇墓兽
Terra-cotta Tomb-guiding Human-faced Animal from the Zhang Zheng Tomb

张政墓出土罗马金币正面
Obverse of a Roman Gold Coin from the Zhang Zheng Tomb

张政墓出土罗马金币背面
Reverse of the Roman Gold Coin from the Zhang Zheng Tomb

张政墓出土铜镜
Bronze Mirror from the Zhang Zheng Tomb

In June 2010 to August 2012, the Xi'an Municipal Institute of Cultural Relics Preservation and Archaeology excavated four Zhang family tombs of the Northern Zhou Period to the west of Gaowangdui Village of Weiqu Sub-district in Chang'an District, Xi'an City. These graves are all single-chambered earthen-cave burials having a long sloping tomb-passage each and yielding mainly pottery tomb-figurines, bronze mirrors and sarcophagi. It is known from the unearthed epitaphs that three of the discovered tombs date from the second year of Tianhe Era (AD 567), first year of Jiande Era (AD 572) and sixth year of the Tianhe Era (AD 571)

respectively and their owners are Zhang Wei, Zhang Zheng and Zhang Sheng respectively. The excavation brought to light rich material data for studying the tomb form and burial institution, the arrangement of family graveyards and the evolution of the types of unearthed objects in the Guanzhong Region of the Northern Zhou Period. Moreover, the unearthed three epitaphs, as recording the birth and death, the entrance into bureaucratic circles and the burial spots of the two Zhang generations, provided important clues for researching into the administrative regionalization of Chang'an City in the Northern Zhou Period.

河南浚县
黎阳仓遗址考古发掘

ARCHAEOLOGICAL EXCAVATION ON THE LIYANG-
GRANARY CITY-SITE IN JUNXIAN COUNTY, HENAN

黎阳仓是隋代著名粮仓之一，它的设置和使用对隋王朝的国运影响巨大。据《隋书·食货志》记载："开皇三年，朝廷以京师仓廪尚虚，议为水旱之备，于是诏于蒲、陕、虢、熊、伊、洛、郑、怀、邵、卫、汴、许、汝等水次十三州，置募运米丁。又于卫州置黎阳仓，洛州置河阳仓，陕州置常平仓，华州置广通仓，转相灌注。漕关东及汾、晋之粟，以给京师。"这是黎阳仓建置之始。随后，黎阳仓成了隋炀帝经略东北边境的物资供给后方基地，但也成了瓦岗起义军从失败走向强盛的转折地。北宋晚期画家、诗人张舜民在其《画墁录》中记有："予尝登大伾，仓窖犹存，各容数十万，遍冒一山之上。"这说明至北宋末年黎阳仓犹存，后逐渐埋没而失去所在确切位置。

为配合中国大运河（隋唐永济渠）"申遗"工作，在国家文物局的科学指导和河南省文物局的大力支持下，2011年10月以来，河南省文物考古研究

所与浚县文物旅游局合作，对文献记载中黎阳仓遗址的位置进行了考古调查和勘探，确定黎阳仓遗址位于大伾山北麓，东距215省道约600米，部分遗址已被东关村居民住宅所占压。在大伾山北麓可勘探的区域内，发现与黎阳仓有关的遗迹主要有：仓城城墙、护城壕沟、夯土基址、仓窖遗迹、大型建筑基址、道路、墓葬、沟渠和灰坑等。

黎阳仓遗址的考古发掘始于2011年12月，目前已发掘2800余平方米，清理涉及黎阳仓城城墙与护城壕、隋唐时期仓窖3座、隋唐时期专用漕渠（南端部分），以及不同时期墓葬11座、灰坑100余个、路1条、灶15座和北宋大型建筑基址2处等。

黎阳仓城依山而建，平面近长方形，东西宽260、南北残长300米，周长约1100米。城墙为夯土筑成，夯层厚0.1～0.15米，最厚约0.2米，夯窝直径约0.05米。由于仓城所在位置的坡状特点，城墙为对原地面略加平整就地夯筑而成。保存较好的北

仓城北墙夯土剖面
Section of the Rammed-earth Northern Wall of the Granary-city

仓城东墙外护城壕和柱洞
Moat and Post-holes outside the Eastern Wall of the Granary-city

仓城东墙残迹
Remains of the Eastern Wall of the Granary-city

城墙西端残宽6.2、残高1.5米。东城墙呈东北—西南走向，墙体距现地表深2.9～3.15、残宽5.5米。护城壕位于东城墙以东3.5米处，宽3.9米，壕沟底中部发现与沟同向的两排密集柱洞，柱洞直径0.12～0.18米。在东墙外侧约10米处还有另一道壕沟。值得注意的是，在东城墙与护城壕之间的宋金时期地层下清理出五代墓葬和北宋时期墓葬各1座，表明这里的城墙和护城壕早在五代就已废弃。

目前已探明储粮仓窖84个，皆为圆形，口大底小。口径大小不一，小的约8米，大的约14米，大多在10米左右。窖底距现地表最浅约3.8、最深约7米。总体来看，仓窖排列整齐有序，南北向大致有七排，呈东西向排列，除东北部外，每排10个左右，排与排间距约10米；仓窖间距3.5～10米。其中，第六排与第七排较为特殊，排间距最窄处8米，最宽处23.5米，在最宽处一段无规律地分布着大小不等仓窖7个。这些仓窖窖底大多距地表深约6米，个别在7米以上。

本次发掘清理的隋代仓窖有2座，直径均约8

米。C16窖口至窖底深约4米，在已解剖的东半部窖口半周均匀分布4个近圆形柱础，直径0.26～0.52米。C18窖口至窖底深约2米，在已解剖的南半部窖口半周发现有4个方形柱础，大的长0.6、宽0.35米，小的长0.35、宽0.3米，窖底中心有中心柱础遗迹。窖内填土以自然淤积为主，表明这些仓窖废弃后经历了一段自然的淤填过程。依据仓窖内出土遗物并结合叠压在仓窖之上的北宋时期地面建筑遗存分析，黎阳仓的废弃时间大约在唐代中期以前。这与文献记载和传说中的隋代黎阳仓所处年代吻合，与洛阳含嘉仓、洛口仓废弃年代大体一致。

在黎阳仓城北中部发现一处疑似漕运沟渠遗迹，南北向，口宽约8米，与仓窖的地层年代一致，渠的南端发现有砖砌残墙。在沟渠西北侧，勘探出一东西长40、南北宽25米的夯土台基。从仓城的总体布局推断，其西北部应为粮仓漕运和管理机构所在。

在遗址中部区域的发掘中，发现了叠压在废弃的隋唐时期仓窖之上的一处有大面积夯土基础的建筑

漕运沟渠遗迹
Remains of a Canal Specially Used for Transporting Tribute Grain

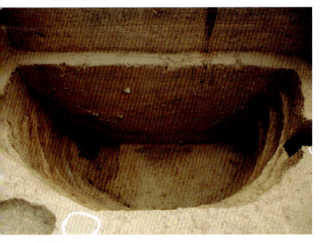

C16
Granary-cellar C16

C18
Granary-cellar C18

遗存，目前已清理出东西并列的2处大型建筑基址。

1号建筑基址位于仓城中部偏西，揭露面积900平方米。基址呈东北—西南向，南北长50、东西宽约12米。共清理柱础38个，分为圆形和近圆形，直径约1.3、深0.38～0.5米，柱础间距2.9～3.2米。

2号建筑基址位于城址中部，揭露面积600余平方米。基址亦呈东北—西南向，已清理南北长约28、宽约25米。共清理柱础19个、柱洞10余个。柱础分为圆形、近圆形和长方形，圆形或近圆形柱础直径0.9～1.3米，长方形柱础大的长2.3、宽2米，小的长1.6、宽1米，深约0.38～0.49米不等。柱础形状的不同，与建筑结构需要有关，个别位置两种柱础交叉使用。柱础间距东西较宽，为3～5米，南北较窄，约为3米。

两处建筑基址内清理出大量砖、瓦和吻兽等建筑材料，其中带"官"字印戳的板瓦块达近百件，表明了建筑性质。根据地层叠压关系和出土器物时代特征分析，这处地面建筑的年代应为北宋时期。

通过对现有资料的初步分析，黎阳仓遗址应先后经历了两个发展阶段。第一阶段为地下储粮时期，仓城及仓窖建于隋初，废弃时间大约为唐代中期以前，或早至唐初。第二阶段为地上仓储时期，其仓库可能始建于北宋早中期，在北宋晚期废弃，当时是否也建有仓城，还有待于进一步考古工作。这两个阶段黎阳仓的建置与存在当均与南北大运河永济渠（北宋又称"御河"）有重要关联。

另外，我们对与黎阳仓关系密切的黎阳城遗址进行了考古调查和勘探。在距黎阳仓遗址东约600米处，首次确定了黎阳故城的位置和范围，明确了黎阳仓与黎阳城的相对位置关系。现已查明与黎阳城有关的遗迹有城墙、护城河、夯土台基、排水设施和道路等，初步探明黎阳城南北长2250、东西宽800米，面积近200万平方米，与文献记载中黎阳仓在黎阳城西南的地望完全吻合。黎阳城遗址的调查与勘探，为证明文献记载中黎阳城与黎阳仓的相互关联提供了实物依据。

黎阳仓遗址的考古发现为中国大运河的"申遗"工作提供了隋代运河（永济渠）开凿和利用的珍贵资料，为说明北宋时期永济渠仍具有重要作用提供了考古实证，也为研究中国古代官仓建设和储粮技术发展增添了新材料。

（供稿：马晓建　郭木森　赵宏）

2号建筑基址与隋唐仓窖
Building-foundation No. 2 and Sui-Tang Period Granary-cellars

方石臼
Square Stone Mortar

陶建筑构件
Pottery Structural Member

带 "官" 字戳印板瓦
"Guan 官" (Officer)-stamped Flat Tiles

The Liyang-granary City-site is situated at the northern foot of Dapi Hill in Junxian County, Henan Province. In coordination with the application for the Great Canal of China (Yongji Canal in the Sui-Tang Period) to be included in the World Heritage List, from October 2011, the Henan Provincial Institute of Cultural Relics and Archaeology began to conduct there exploration and selective excavation. Up to the present they have revealed three granary-cellars, a canal specially used for transporting tribute grain (section at the southern end), eastern city-wall and moat, *etc.* of the Sui-Tang Period, as well as tombs, ash-pits, roads and cooking ranges of various periods and two large-sized building-foundations of the Northern Song Period. The excavators have preliminarily cleared the structure and layout of the granary-city and inferred that the site went through two developmental stages, i.e. the underground and aboveground grain-storing phases of the Sui-Tang and Northern Song periods respectively, and that both their building and existence were closely related to the Great Yongji Canal (also named "Imperial Canal" in the Northern Song Period). The archaeological discovery of the Liyang-granary City-site provided material evidence of the application for the Great Canal of China to be included in the World Heritage List as an important monument built and used from the Sui Period; it also added new material to researches on the development of the architecture of governmental granaries and on that of grain-storing techniques in ancient China.

隋唐长安城
2012年考古新收获

2012-YEAR ARCHAEOLOGICAL ACHIEVEMENTS FROM SUI-TANG PERIOD CHANG'AN CITY

为配合西安市碑林区小雁塔西侧棚户区综合改造项目工程，2012年2～7月，西安市文物保护考古研究院对工程用地范围内的隋唐长安城进行了考古发掘。发掘地点恰好位于南北轴线上的朱雀大街和东西第七条横街与安仁坊西北角交汇之处，是长安城的中心地带，揭露了朱雀大街、安仁坊坊墙墙基和第七横街等遗址，取得了重要收获。

根据中国科学院考古研究所西安唐城发掘队1959～1962年考古勘探资料，朱雀大街宽150～155米，是当时世界上最宽的大街。本次发掘是对朱雀大街的首次大规模揭露，在发掘区范围内唐朱雀大街的断续保存宽度达100米，另外50米宽覆压于发掘区西侧今朱雀大街下。朱雀大街东侧遗迹保存较好，路面坚实，路土厚可达20厘米以上，呈红褐色鱼鳞片状。在朱雀大街东侧的中部，发现有密集的南北向车辙。朱雀大街东西两侧主干道的外侧，还零星发现有个别与大街相交的东西向车辙。路面和车辙内夹杂有一些唐代白瓷、黑瓷和砖瓦碎片。

朱雀大街东边发现有排水沟。排水沟西壁保存较好，断面上宽下窄，沟壁未加砖砌，深约0.8米。东壁已遭破坏，暂未发现，宽度不详。大街西边排水沟不在工地范围内，本次未作发

掘。根据西安唐城发掘队的资料，朱雀门以南200余米处的朱雀大街西侧水沟发掘了一部分。其形制为沟上口宽3.3、底宽2.34、东壁（即朱雀街的西边）深2.1、西壁深1.7米，剖面呈上宽下窄的梯形，两壁均坡度为76°。沟壁光滑规整，未加木板或砌砖。沟底平坦。

在发掘区南部发现了一条东西向的水沟，与朱雀大街垂直，应为路面下修筑的排水涵洞。涵洞上口宽2.9米，下部有二层台，二层台上南北宽2、口宽1.2、底宽0.85米。涵洞深2米，东西已发掘长度为9米。在涵洞北侧二层台上发现有青砖，靠近北壁有约0.4米宽的凹槽痕迹，应是砖砌涵洞所致。涵洞南侧发现有圆形和三棱形柱洞各1个，圆形柱洞直径0.1米，三棱形柱洞边宽0.08米。涵洞内包含大量淤泥，出土大量唐代砖瓦、瓷器和陶背水罐等残片，以及骨簪、"开元通宝"等遗物。涵洞内的包含物皆为唐代，故其废弃时间应为唐代。南壁发现一圆形水井，口径0.65米，上部打破涵洞南侧二层台。向下挖0.4米后，经钻探，距沟底2.2米为砖瓦层。根据勘探情况，涵洞长度达50米，应横穿朱雀大街。此涵洞不见史料记载，为了解唐长安城的排水设施提供了重要实物资料。

隋唐长安城南北十一条和东西十四条街道将郭城分为108坊。安仁坊是著名的荐福寺塔院所在的里坊，平面大致呈方形。根据唐城发掘队的勘探资料，其东西562、南北540米。荐福寺始建于唐睿宗文明元年（684年），为薨亡百日的

唐高宗祈福而立，寺址在朱雀大街东侧的开化坊内。中宗景龙年间（707~709年）又在开化坊南面隔街的安仁坊内另辟塔院，筑荐福寺塔，即今小雁塔。唐代末年荐福寺毁于兵火，后在塔院重建荐福寺。

本次在发掘区发现唐代安仁坊西北角坊墙遗存。经局部发掘表明，墙基保存较好，夯筑而成，厚约5~6米，残高0.6米以上。据勘探资料推测，在发掘区范围内，唐代安仁坊北墙应长115米，西墙应长23米。从北墙墙基的解剖沟来看，墙基筑于坚硬的黑垆土之上，下层土色较纯净，上层较花杂，其上带有一些车辙辘碾压的痕迹，明显始筑于隋唐时期。西墙外侧有明清时期补筑的墙基，土色花杂，带有少量砖瓦残片及陶瓷碎渣，夯层明显。由此可知，坊墙唐代以后为荐福寺院墙沿用，有所补筑。

第七横街是位于安仁坊以北和开化坊以南的坊间道路，东西直通郭城。这条横街在发掘区范围内保存宽度约15米（其余覆压于北侧的友谊西路下），东西长约120米。经局部发掘，第七横街路土厚约50厘米，其上可见较密集的东西车辙印迹，南边被一条东西扰沟打破。西安唐城发掘队勘探资料表明，这条街宽70米，两侧保存了部分水沟。

本次发掘的朱雀大街、安仁坊坊墙墙基和第七横街遗址是隋唐长安城考古的又一次重要发现，对研究城内街道和坊里的布局结构、排水设施以及荐福寺的沿用等问题均有重要价值。

（供稿：张全民 辛龙）

朱雀大街东侧南北向车辙（西—东）
North-to-south Ruts on the Eastern Side of
Scarlet-bird Street (photo from west to east)

横穿朱雀大街的东西涵洞（西—东）
West-to-east Culvert Horizontally Passing Through
Scarlet-bird Street (photo from west to east)

安仁坊北墙基解剖沟（东—西）
Selective Excavation Trench of the Northern Wall-
foundations of the Anren Block (photo from east to west)

朱雀大街东侧交错的东西向与南北向车辙
Crisscross Ruts on the Eastern Side of Scarlet-
bird Street

朱雀大街东侧排水沟（南—北）
Draining Ditch on the Eastern Side of Scarlet-bird
Street (photo from south to north)

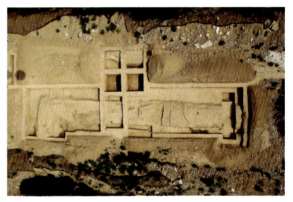

安仁坊坊墙与第七横街俯瞰
Vertical View of the Enclosing Wall of the Anren
Block and Seventh Horizontal Street

明清时期荐福寺西墙基（西—东）
Western Wall-foundations of the Jianfu Temple in
the Ming-Qing Period (photo from west to east)

莲花纹方砖残块
Fragments of a Square Brick with
Lotus—flower Design

青辊瓦残块
Fragments of Livid Cylindrical Tiles

莲花纹瓦当与兽面纹瓦当
Tile—ends with Lotus—flower Designs and
That with an Animal Mask

"开元通宝"
Coins "*Kai Yuan Tong Bao* 开元通宝"

骨钗
Bone Hairpin

In February to July 2012, in coordination with the works of an urban reconstruction project, the Xi'an Municipal Institute of Cultural Relics Preservation and Archaeology conducted archaeological excavation in the relevant area for researching the Sui-Tang Period Chang'an City. The work was carried out in the center, along Scarlet-bird Street on the north— south axis of Chang'an City and the seventh west-to-east horizontal street, and resulted in the revelation of the vestiges of Scarlet-bird Street, the enclosing wall foundations of the Anren Block and the site of seventh horizontal street. In the excavated area, Scarlet-bird Street reaches 100-odd m in remaining width; dense north-to-south ruts and vestiges of draining ditches were discovered on its eastern side; and a culvert was revealed horizontally passing through Scarlet-bird Street. The northwestern-corner enclosing-wall foundations of the Anren Block are built of rammed-earth, measuring about 5—6 m in thickness and above 0.6 m in remaining height. The block enclosing wall was still used as part of the Jianfu Temple's enclosure after the Tang Period, though some additional building was made. On the seventh horizontal street, the earth accumulations measure about 50 cm in thickness; they bear the traces of rather dense west-to-east ruts, and have been intruded by a west-to-east ditch on the southern side. The present excavation is of great value to studying the layout and structure of streets, blocks and draining installations in Chang'an City of the Sui-Tang Period, as well as researching into the continuity of the function of the Jianfu Temple and other important issues.

新疆吐鲁番
胜金口石窟考古发掘

ARCHAEOLOGICAL EXCAVATION OF THE GROTTO
TEMPLE AT SHENGJINKOU IN TURPAN, XINJIANG

胜金口石窟位于新疆吐鲁番市二堡乡巴达木村北部，地处火焰山南麓木头沟出山口处东岸一处南北向狭长条状的河湾内，连霍高等级公路从石窟西边经过，地理坐标为北纬42°54′59.86″，东经89°33′47.04″，海拔44米。

石窟废弃后由于人为与自然因素的共同作用，窟区崖体坍塌、洞窟残损、房屋被埋。石窟内外堆积着大量的山体崩塌土、洪积淤土、建筑坍塌土、浮沙及现代废弃物。除南、北寺院尚可看出部分形制外，仅存的十余洞窟无一完整，塑像、壁面几乎损毁殆尽。中区全部被坍塌土、淤土和风积土掩埋，成了一座高达12米的半圆锥形土山。为配合新疆重点文物保护项目之一的胜金口石窟崖体抢险加固工程，2012年3～5月，新疆文物考古研究所对胜金口石窟进行了考古发掘。取得以下三个方面的重要收获。

第一，胜金口石窟主要由南寺院、中区生活居址及北寺院三部分构成。寺院与居址均呈阶梯状布局。其中南寺院5层、中区生活居址3层、北寺院4层。由于坍塌土堆积较厚，发掘场地狭窄，第一层未发掘，仅做了局部解剖。本次发掘面积约1500平方米，共清理寺院2组，有洞窟13座；生活区1组，有居址26间；还有灶、炕、馕坑、踏步、门道等重要遗迹。

1. 南寺院　面积约330平方米，为一座呈阶梯状布局的5层建筑群。其中第4、5层仅具形式，没有实际使用价值。现存洞窟3座，分布于第2、3层上，第1、4、5层不见洞窟。洞窟开凿于崖体上，墙壁及券顶均用土坯垒砌。壁面上敷1～2层草拌泥，其上涂白灰，上绘壁画。壁画内容有千佛、供养人及植物花卉图案等。洞窟形制为前后室券顶结构，编号为K1～K3。

K1位于第2层南部，面积约20平方米。前室窟顶及东、西墙已经塌毁。平面形制为长方形中

中区房址
House-foundations in the Middle Area

中区房址
House-foundations in the Middle Area

灶台
Platform of a Cooking Range

炕
Kang Heatable Bed

馕坑
Nang Cake Baking Pit

心柱结构，长2.8、宽2.4米。地面上绘有地画，面积约6.5平方米。内容主要有莲花、法螺、佛像、供养人及回鹘文题记等。K3位于第3层中北部，面积约66平方米。前室平面形制为长方形横券顶结构，北壁窟门两侧各有一明窗。后室有3个，形制为长方形纵券顶。中后室券顶上还有一层穹隆顶，后壁有一佛龛，东、西两壁及门楣上残留少量壁画。东、西后室券顶上还有一层券顶，西后室北、东壁上有少量回鹘文题记。

2.北寺院　面积约600平方米，为一座呈阶梯状布局的4层建筑群。其中第4层仅具形式，没有实际使用价值。现存洞窟9座，分布于第1、2、3层上。第1层由一排洞窟构成，目前仅窟顶暴露在外，其余部分全被坍塌土淤土掩埋，深近2米。此次仅清理洞窟1座，面积约10平方米（编号为K12）。第2层由通道、洞窟组成。此次清理出门道、门槛、踏步等遗迹。第3层由洞窟7座及一条甬道组成。洞窟依崖体而建，部分洞窟开凿于崖体内。墙壁及券顶用土坯垒砌，壁面上抹1～2层草拌泥，上涂白灰，白灰上绘壁画。壁画内容主要由千佛、菩萨、供养人、禽类动物图案及汉、

回鹘文题记。洞窟形制为前后室或单室结构。

K5位于第3层中南部，面积约46平方米。平面形制为前后室结构。前室有小禅窟6座。前室窟顶残留少量壁画，内容主要有树、鸟、人物等，初步推测可能与摩尼教有关。K6位于第3层中部，面积约80平方米，为北寺院主窟。平面形制为前后室结构。前室为长方形横券顶，地面铺一层青砖，后室为中心柱结构。在前回廊正壁下有基坛1座，上塑基座5座。主尊基座为六边形莲花座，莲瓣上绘有不同风格的花卉图案。其余4座分布于两侧，形制为圆形莲花座。从其中一座上残存的泥塑来看，基座上应均有一尊立佛。立佛为木骨结构，中心立木，上捆芦苇绳索。基坛上部坍塌土中出土大量壁画、泥塑残片和汉文、回鹘文、吐蕃文的纸质文书残片等遗物。窟壁上残留少量动物图案。

3.中区居址　面积约400平方米。发掘前，中区为一座长约40、宽约10、高12米的半圆锥状坍塌土山。坍塌土内仅露出4道残墙和3个小龛。发掘后证明此区为一组3层呈阶梯状结构的居址群。目前发现并清理居址26间，面积小者不足2平方

米，大者约20平方米。布局清晰，每层房屋均可通连。部分房间内残留灶、火炕、壁龛等遗迹。

第二，本次发掘出土遗物主要有陶、木、铁器和壁画、泥塑残片及汉文、回鹘文、吐蕃文等的纸质文书残片等。陶、木器较少，木器多为木钉、门闩、门轴等，制作较粗糙；陶器多为缸、瓮等，陶质较好，多为夹粗砂灰褐陶，均为素面。壁画色彩鲜艳、图案精美，为吐鲁番地区所罕见。

第三，胜金口石窟作为一处国家级文物保护单位，多年来一直没有得到有效保护和进行正规考古发掘。20世纪30年代以前，德国人从新疆各地攫取了大量的石窟寺资料，目前所能见到的有关胜金口石窟的资料也仅限于20世纪初德国人勒柯克等的调查报告。本次发掘是胜金口石窟第一次科学、正规的考古工作，为深入研究其形制布局及吐鲁番地区宗教史、宗教艺术史、中外文化交流史等方面提供了重要资料。

胜金口石窟位于胜金口峡谷内，周围植被丰茂，流水潺潺，是僧人坐禅修行的理想场所。K6新发现的基坛、基座是胜金口石窟现存洞窟内唯一与造像有关的遗迹，为研究胜金口石窟宗教嬗变史提供了佐证。洞窟内的壁画内容主要有千佛、菩萨、供养人等人物形象和禽类动物图案与葡萄、蔓草等植物图案，造型生动，色彩鲜艳，具有很高的艺术价值。新发现了一批纸质汉文、回鹘文及吐蕃文文书，其中汉文文书的内容多与佛教有关，这些不仅丰富了吐鲁番地区出土文书的内涵，也对进一步探索吐鲁番古代文明具有重要的学术价值。此次在胜金口石窟第一次发掘了生活区居址。居址布局合理，层次分明，为研究胜金口石窟的形制、布局及功能区划等提供了依据。此外，出土资料表明，胜金口石窟内不仅具有鲜明的佛教艺术内涵，而且也有摩尼教等其他宗教的艺术表现，彰显出吐鲁番地区多民族、多宗教兼收并蓄、融合发展的地方文化色彩。

（供稿：吴勇　田小红）

K1前室地面
Floor of the Anteroom in Grotto K1

K5壁画局部
Part of a Mural in Grotto K5

K5前室
Anteroom of Grotto K5

莲花纹壁画残片
Fragment of a Mural with
Lotus-flower Design

菩萨像壁画残片
Fragment of a Mural
of Bodhisattva

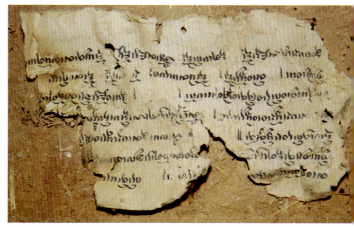

K7壁画局部
Part of a Mural in Grotto K7

纸质文书残片
Fragment of a Paper Document

The Shengjinkou Grotto Temple lies to the north of Badamu Village of Erpu Township in Turpan City, Xinjiang, in a stream bend on the eastern side of the outlet of the Mutou Gully at the southern foot of the "Flame" Mountain. In 2012-year, the Xinjiang Institute of Cultural Relics and Archaeology carried out excavation in the grotto area of the temple. This area consists mainly of the worshiping compound in the south, the dwelling site in the middle and the worshiping compound in the north. These parts are all in the step style, shaped like a five-, three- and four-tier buildings respectively. The excavation opened an area of about 1,500 sq m, where 13 grottoes and a 26-room dwelling site with the remains of *kang* heatable beds and cooking ranges were revealed. The unearthed objects include fragmental murals, terra-cotta sculptures and paper documents in Chinese, Uighur, Brahmi and Tibet, and also some wooden articles and pottery vessels. The Shengjinkou Grotto Temple exhibits the prosperity of the early Turpan civilization and the amalgamation of multi-type cultural elements. The discovered documents provided important data for researching into the history of Turpan Buddhism and art, as well as the exchange of East and West civilizations.

新疆若羌

米兰遗址2012年考古发掘

2012-YEAR ARCHAEOLOGICAL EXCAVATION ON THE MILAN SITE IN RUOQIANG, XINJIANG

2012年6～8月，为配合新疆重点文物保护项目领导小组执行办公室对米兰遗址抢险加固工程的实施，新疆文物考古研究所对新疆若羌县米兰遗址进行了前期考古发掘，发掘面积近2000平方米，出土各类文物300余件。

米兰，又称磨朗、密阮，位于若羌县城东北约70公里处，现为新疆建设兵团农二师三十六团（米兰镇）所在地，其得名来自于浇灌这片绿洲的米兰河之名。米兰河发源于阿尔金山山脉玉苏普阿勒克塔格山北麓，自南向北流，最后注入阿不旦湖。

米兰遗址位于现米兰镇东部，由于河道改道、风沙侵蚀，现已成一片覆盖着细沙粒的荒漠，水平向东延展，荒漠上零星分布着高大的雅丹及红柳包。米兰古河道在遗址东部自南向北延伸，现仍有河水流淌。

遗址内共包括单体遗迹15处。自米兰文物保护站向东约1公里为一片佛教建筑遗迹，其中有单体遗迹10处，为佛塔6座、佛寺2座、遗址2处；佛教建筑遗迹向东约2公里为米兰戍堡，戍堡西南部为一佛塔遗迹，再向东1公里为一佛寺遗迹，佛寺北部有烽燧2座。现存较好的遗迹单位仅剩斯坦因编号MⅠ号戍堡、MⅡ号佛寺、MⅢ号佛塔、MⅣ号佛寺、MⅥ号佛塔、MⅦ号佛塔及北部的一处烽燧，其余遗迹单位均仅残存较少的墙体或基址。

本次发掘主要为对MⅠ、MⅢ、MⅣ、MⅥ、MⅦ的局部清理，其中较为典型的遗迹单位为MⅠ与MⅢ。

MⅠ戍堡位于遗址东部，平面呈不规则正方形。东墙外侧长92、南墙外侧长约84、西墙外侧长约50、北墙外侧长约77米。城墙四角均有角楼，北部和东部的中部均见有土坯砌成的马面。南部有一高近13米的土台，土台东、南、西三面筑有胸墙，采用夯土或土坯筑成，中间夹有红柳枝，胸墙上开有箭垛。东墙与西墙上亦筑有红柳加筋层结构的胸墙。

1907年、1973年，斯坦因与新疆文物考古研究所先后对MⅠ戍堡进行过发掘。据发掘资料可知，戍堡内北、东、南三面均分布有房屋建筑，中部、西部为一片开阔地带，东部房屋格局较大。此次发掘主要集中于北部的房屋（部分区域1973年曾做过发掘），除此之外，尚在东墙外、西墙外及城内的南部、西部做了小面积的试掘。

通过发掘我们了解到该戍堡应建在早期废弃的遗址之上，且城垣经过多次修葺。最早的城墙为夹板夯筑而成，夯块呈方形，边长多为1米左右。现存东、南、西三面的夯块外侧砌有土坯，而北部夯块内外两侧均砌有土坯，土坯明显为二

M I 戍堡北部发掘现场
Excavation-site in the North of Blockhouse MI

M I 戍堡北部F2
House-foundation F2 in the North of Blockhouse MI

M I 戍堡北部F2内器物出土情况
Objects on House-foundation F2 in the North of Blockhouse MI

次修葺时垒建。东墙外侧建有斜坡状护坡，系用土坯垒砌于早期城址的废弃堆积之上。

西墙北部有两道缺口，地面均可见夯土墙基，其中南部缺口为五六十年代机械破坏形成，北部缺口则可能为戍堡的城门。

戍堡内北部的房屋除直接依建于北墙之上的较为规整外，其余均不规则。房屋均为单层土坯横砌而成，最大者为6米×4米，最小者仅1.5米×1.5米。保存完整的房屋多为半地穴式，平面多呈长方形或方形，依北墙而建的房屋多在城墙上凿有壁龛或小仓。房屋之间多有叠压打破关系，部分房屋明显可见废弃后门道封堵的现象。因本次发掘房屋多已在1973年进行过发掘，故填土多为风积沙。部分未曾清理的房屋上部堆积有大量芦苇、杂草，下部为灰褐色填土，夹杂大量的草屑、灰烬，包含大量动物粪便、土块等。由于该层房屋均建筑于早期建筑废弃的堆积层上，因此我们仅发掘至房屋生活面，未再向下清理。

在城外的东、西两侧及城内的南部也发现有房屋遗迹，其结构和建造方式与北部房屋基本相同，也叠压于早期废弃堆积之上。

M III 佛塔曾在1907年被斯坦因所发掘，现存地表可见有一平面呈方形的基座，边长约9、残高约2.85米，自下至上逐渐递收。在基座中部有一圆形

窣堵坡，直径约3、高约2.5米。佛塔东部、北部、西部均堆积有大量的坍塌土。此次发掘，不仅是对坍塌土的简单清理，也使我们对佛塔的建造方式与建筑结构有了进一步的了解。该佛塔的建造首先依据地势在原地表下挖一边长约11、深约2米的方形基坑，并在基坑四壁涂抹厚0.5～1厘米的白灰，而后用40厘米×40厘米的方形土坯在坑壁自外向内横砌宽约1米的土坯墙体。其中西墙较厚，约1.5米，西墙内壁均匀抹一层草拌泥。塔基呈方形，建于基坑中部，亦采用40厘米×40厘米的方形土坯交错横砌而成，塔基四角均砌有"∟"形的堵头与四面土坯墙体相连，将塔基四周分割为四个长方形的基坑。塔基上部建佛塔外墙，自下而上逐渐内收。据斯坦因记载，外墙之上原有窗户等构件，顶部亦呈圆形，现均已坍塌不见。基座中心建圆形窣堵坡一座，门道开于西侧，外墙与窣堵坡间形成内回廊，回廊外壁之上绘有壁画，著名的有翼天使壁画即出于此。由于对出土壁画缺乏有效保护，此次发掘未对内回廊进行清理。

此次发掘共出土遗物300余件，均出自M I 戍堡的房址内与M III 佛塔的坍塌土中，其中M I 戍堡内出土物289件，包括木简90件，各类木器103件，竹编器5件，完整葫芦1件，骨角器8件，皮、毛、麻等纺织物35件，陶器28件，铜器7

件，料石器9件，铁器2件，还有朱砂1包；MⅢ佛塔坍塌土内出土遗物26件，其中木器8件、木简1件、壁画残块5块、麻布类纺织品12件。

关于米兰遗址的年代，以往的发掘与研究中多有提及。就现有的资料来看，斯坦因认为遗址内佛教建筑遗迹的年代应为公元3～4世纪，我们亦赞同这个结论。戍堡的年代，斯坦因认为应为8～9世纪，通过此次发掘，我们认为其年代或许更早，下限可至8～9世纪。

关于米兰遗址的性质，众说纷纭。斯坦因认为该遗址即为文献所载的鄯善 "故东城"——扜泥，而更多学者则根据城址分布及归置，认为米兰遗址即为汉代"伊循"城，但目前还未有任何考古材料能够证明。8世纪后，吐蕃占领该区域，在本次发掘的戍堡内出土大量吐蕃文木简，其上多出现"Nob"一词，至于是否为米兰古城，尚待进一步考证。

（供稿：党志豪）

MⅠ戍堡北部F6
House-foundation F6 in the North of Blockhouse MI

MⅠ戍堡西墙中部F1内灶址
Cooking Range on House-foundation F1 in the Middle of the Western Wall of Blockhouse M1

MⅠ戍堡北部F6封堵的门道
Blockaded Door-way of House-foundation F6 in the North of Blockhouse MI

MⅠ戍堡西墙中部F1内石磨盘、石磨棒出土情况
Stone Quern and Roller in Excavation from House-foundation F1 in the Middle of the Western Wall of Blockhouse M1

MⅠ戍堡西墙中部F1
House-foundation F1 in the Middle of the Western Wall of Blockhouse MI

MⅢ佛塔（东—西）
Stupa MIII (photo from east to west)

F2出土羊皮纸文书
Parchment Document from
House-foundation F2

F2出土木棍
Wooden Stick from House-
foundation F2

F3出土吐蕃文木简
Wooden Slips Inscribed in Tibet
from House-foundation F3

MIII佛塔坍塌土内出土文书
Document from Remaining Earth
Collapsed from Stupa MIII

MIII佛塔坍塌土内出土绢花
Silk Flowers from Remaining Earth
Collapsed from Stupa MIII

MIII佛塔坍塌土内出土绑有皮条的木棍
Wooden Stick with a Leather Strip from
Remaining Earth Collapsed from Stupa MIII

MI成堡内采集铜马饰件
Horse-shaped Bronze Ornament
Collected from Blockhouse MI

In June to August 2012, the Xinjiang Institute of Cultural Relics and Archaeology conducted the early stage archaeological excavation on the Milan Site in Ruoqiang County, Xinjiang. In the opened area of approximately 2,000 sq m they brought to light more than 300 cultural relics. The site consists of stupas, temple building complexes, a blockhouse and beacon towers, totaling above ten units of separate vestiges. The excavated remains are chiefly Blockhouse MI and Stupa MIII by A. Stain's numbering. MI is situated in the east of the site protection area. The excavation revealed there mainly 24 houses (largely semi-subterranean). They are rectangular or square in plan and varied in size, often show superimposing or intruding relationship between each other, and yielded quantities of wooden slips, wooden artifacts, woolen fabrics and leather, and some pottery vessels, stone implements and bronzes. MIII is located in the west of the protection area. It is a round pagoda enclosed with a square wall, whose earthen remains yielded silk-made flowers, fragmental murals, wooden slips, *etc*. In date the Buddhist vestiges go back to about AD third to fourth century, and the blockhouse to the AD eighty to ninth century or still earlier time. The nature of the site remains to be further studied.

辽上京皇城
西山坡佛寺遗址考古发掘

ARCHAEOLOGICAL EXCAVATION ON THE BUDDHIST TEMPLE-SITE AT XISHANPO IN THE IMPERIAL CITY OF THE UPPER CAPITAL OF THE LIAO PERIOD

辽上京城位于内蒙古巴林左旗林东镇东南。城址平面略呈"日"字形，由北部的皇城和南部的汉城组成。西山坡是皇城西南的一处自然高地，也是全城的制高点。山坡上有3组东向的建筑基址群，其中北组有3座圆台形建筑基址，地面保存较高，曾屡遭盗掘破坏。中间基址位于北组的轴线上，规模最大，编号为一号建筑基址（YT1）。南、北两座较小，左右基本对称分布，分别编号为二号建筑基址（YT2）和三号建筑基址（YT3）。

为了解辽上京城的布局和沿革，更好地推进对辽上京城大遗址的有效保护，中国社会科学院考古研究所内蒙古二队和内蒙古文物考古研究所组成的辽上京城联合考古队，于2012年7～10月，对辽上京皇城西山坡遗址北组YT1、YT2和YT3等进行了全面考古发掘，取得了重要收获。

YT1是一座建在高大台基上的有木构回廊的六角形砖构建筑，方向东偏南17°。基址包括台基和台基上建筑两部分。

台基平面呈六角形，由夯土、包砖、砖铺散水、东侧月台和西侧踏道组成。夯土台基西侧直接在基岩面上分层夯筑，东侧有夯土基槽。台基边长约20、对角直径约40、总高约2米。六壁最外砌单层包边砖，磨砖对缝，抹白灰皮。夯土与包边砖之间，采取夯土层间加砌平铺断砖的做法。

东侧台基外侧遗迹残损严重，推测原有包砖的夯土月台，其南北两侧设慢道登临。月台夯土下叠压有残损的砖砌涵洞和象眼，应是较早修筑的慢道遗存。西侧台基外，有包砖夯土斜坡慢道，其南壁尚存砖砌象眼。台基及月台、慢道的包砖外，均做单行砖散水，外以甃砖砌线道两周。

台基上现存柱础、墙体、白灰墙皮、条石、地面铺砖及砖痕等遗迹，建筑底层平面结构保存较好，呈六角形，用柱三周，每面三间。这三圈柱网及墙体，由内到外将台面上的空间分为内槽砖构实体、外槽回廊和台明三部分。

内圈柱础嵌于夯土台面内，当心间柱心距5米，两梢间柱心距1.6米。柱础为不规则平石础，其上以白灰找平并立石柱。平石础面上发现营造时的放线墨迹。石柱为打磨不规则的棱柱体，完全被包砌在砖构墙体内。砖墙外壁抹白灰皮。结合现存遗迹可知，台上建筑的内槽为六角形砖构实体，底层内部的东西轴线上依次布置方形前室、六角形中室和方形后室。三个小室仅存底层砌砖，内壁抹白灰皮。其中前室和后室分别设甬道通向回廊，后室尚存石门限和门砧。中室东侧被扰坑破坏，西侧不与后室相通。后室内中央铺砖地面上残存八角形石经幢残件一个。附近还发现戴璎珞着佛装的石雕像、仰莲石雕残块等。在三个小室南北两侧的夯土台面上，平铺成排条石，北侧一排，南侧两排。条石打磨不规则，四周抹灰砌甃砖，是内槽砖构实体底部不露明的基础部分。前室和后室进门左手侧，各有一个平面转角的长方形小室，通向成排条石方向。

中圈柱础紧贴内槽砖壁，外圈和中圈柱础之间形成外槽回廊，宽约5.3米。外槽回廊夯土台面高于内槽，其上全部铺砖，磨砖对缝。中圈及外圈柱础当心间对缝，面阔5米；梢间中圈宽2米，外圈宽5米。两圈均用覆盆柱础，有素面、莲瓣纹和动物纹饰三类。部分柱础上有打破雕花纹饰的榫口，可知修建时柱础利用了旧物。外圈柱础石下面发现有对位的承础石，中圈未见。两圈柱础上原均立木柱，柱径约45厘米。墙体结构均为单层土坯外砌单层砖墙。东面正门道的回廊内北侧，原址保存一处泥塑残像，彩绘贴金，跣足立于仰莲座上。沿中圈柱础外侧一周，还清理出几处砖砌像座址。依据回廊中清理出的大量倒塌泥塑残像、成串铜钱和磨损严重的铺砖地面可知，木构回廊内布设有大小泥塑像，且曾有大量信徒活动。

外圈墙外为台明部分，地面铺砖，现基台边缘铺砖及夯土均已损毁，复原宽约5米。在东面正门道中央的位置，发现一长方形坑打破夯土台基，坑底及四壁有砌砖，为有意修筑。

YT1出土大量泥塑佛教造像和铜钱，还有石像、石经幢残件、石雕残块、陶瓷片、铁器、铜镜、木炭等，以及大量砖块和部分瓦当、筒瓦、板瓦、滴水等建筑构件。

根据发掘的遗迹形制和遗物可知，YT1应是一座体量大、内外槽砖木混合结构的六角形佛塔基址。此塔始建于辽代，至少进行过两次大规模修筑，金代以后才逐渐废弃。

YT2和YT3均为六角形佛塔基址，分别位于YT1南侧和北侧，与YT1的散水边分别相距6.8米和8.6米。YT2朝向与YT1相近，YT3略有夹角。塔基现存台基和地宫两部分。地面以上残存六角形包砖夯土台基，中央均被盗坑破坏。YT2台基边长5.9、对角直径为11.8米。YT3台基边长5.7、对角直径11.4米。两座塔基的包砖、散水做法和规格均与YT1相同。两塔台基一周均无踏道（坡道），不可登临。地宫开凿在基岩中，平面为"甲"字形，由通道、甬道、宫室三部分组

发掘区全景
A Full View of the Excavation Area

YT1西侧慢道（南—北）
Gently-sloping Road on the Western Side of Building-foundation YT1 (photo from south to north)

YT1台明铺砖及砖痕
Bricks and Their Traces on the High Platform of Building-foundation YT1

YT1回廊外圈墙体及柱础
Wall-body and Column-bases in the Outer Circle of
the Winding Corridor of YT1

YT1内槽砖构实体底部条石
Long Narrow Stones in the Bottom of the Brick
structure in the Inner Part of YT1

YT1内槽砖构实体内六角形中室及破坏坑（西—东）
Hexagonal Central Room and Intruding Pit inside the Brick
Structure in the Inner Part of YT1 (photo from west to east)

YT1回廊及内圈砖体结构（南—北）
Winding Corridor and Inner Brick Structure of YT1
(photo from south to north)

YT1回廊及内圈砖体结构（外—内）
Winding Corridor and Inner Brick Structure of YT1
(photo from outside to inside)

YT1内槽砖构实体底部砌砖结构
Brick Construction in the Bottom of the Brick
Structure in the Inner Part of YT1

YT2全景（东—西）
A Full View of YT2 (photo from east to west)

成。根据白灰墙皮和砌砖的叠压关系可知，YT2地宫至少有三次修筑。两座佛塔基址破坏严重，地宫遗物与修砌地宫的青砖均被盗掘，仅在YT3地宫填土中发现石雕彩绘舍利棺残块等。

本次发掘是建国以来规模最大的一次辽代都城遗址考古工作。通过发掘，可以确认西山坡是一处辽代始建的佛教寺院遗址，位置重要，规模庞大，是辽上京城标志性的建筑之一。佛寺北组为朝东的长方形院落，四周有院墙，西为3座六角形佛塔建筑基址（YT1、YT2、YT3），塔前有小型建筑基址和广场。3座佛塔采用一大两小、一字排开的布局形式，是目前所知国内唯一的实例。同时，根据YT1的建筑规模、结构和其出土的大量泥塑佛教造像及建筑构件来看，这座佛塔等级较高。本次发掘对重新认识辽上京皇城遗址的形制布局产生了重要影响，也为研究辽代考古、历史、佛教和建筑等提供了重要资料。

（供稿：汪盈　董新林　陈永志　肖淮雁）

YT3全景（东—西）
A Full View of YT3 (photo from east to west)

YT1内圈砖体方形后室出土经幢残件
Remains of the Stone Pillar with Buddhist Sutra Unearthed from the Square Back Room within the Inner Brick Structure of YT1

YT1出土泥塑造像
Terra-cotta Statues from YT1

YT1出土泥塑造像面部细节
Detail of the face of a Terra-cotta Statue from YT1

YT1出土泥塑造像面部细节
Detail of the face of a Terra-cotta Statue from YT1

YT1出土泥塑造像面部细节
Detail of the face of a Terra-cotta Statue from YT1

YT1出土泥塑造像手部
Hands of a Terra-cotta Statue from YT1

YT3地宫出土舍利棺残件
Remains of the Sarira Coffin Unearthed from the Crypt of YT3

In July to October 2012, the Archaeological Team jointly organized by the archaeological squad of Second Inner Mongolian Team of the Institute of Archaeology, CASS and the Inner Mongolian Institute of Cultural Relics and Archaeology conducted archaeological excavation on the three building-foundations (Nos. YT1, YT2 and YT3) in Barin Left Banner, Inner Mongolia, in the north of the Xishanpo Buddhist Temple-site located within the imperial city of the Liao Period Upper Capital. These building-foundations are circular platforms facing to the east. YT1 is a brick-and-wood-structured hexagonal stupa-foundation surrounded with a winding corridor. It was built in the Liao Period and later at least repaired twice on large scale, and was gradually abandoned from the Jin Period. YT2 and YT3 are both smaller hexagonal stupa-foundations. They lie on the southern and northern sides respectively, either consisting of a brick-covered rammed-earth platform and a crypt "甲"-shaped in plan with a passage-way, a corridor and a crypt-room left over. As an affirmed Liao Period Buddhist Temple, the site provides reliable evidence for studying the layout and evolution of the Liao Upper Capital as well as the architectural pattern of Liao capitals. The unearthed quantities of exquisite and realistic terra-cotta sculptures constitute important data to researching into the types, subjects and techniques of Buddhist image-making in the Liao-Jin Period.

江苏盱眙
——泗州城遗址

SIZHOU CITY-SITE IN XUYI, JIANGSU

泗州城遗址位于江苏省盱眙县西北部淮河北岸的狭长滩地上，面积约2.4平方公里，其中有约六分之一的面积处在淮河及其支流的河道里，因淤垫较深，遗址保存状况较好。

泗州城历经唐、宋、元、明、清五个朝代，曾盛极一时，清康熙十九年（1680年）被洪水淹没。2011~2012年，由南京博物院、徐州博物馆、镇江博物馆、淮安博物馆、盱眙博物馆组成的联合考古队，对泗州城遗址进行了发掘，发掘面积共计2万余平方米。发掘过程中，将整个遗址划为6个区，本次工作主要集中在Ⅲ区和Ⅳ区。

Ⅲ区共发掘建筑基址4处，自西向东分别为1、4、5、2号；清理活动广场1处；发现城内东西向主要街道之一——L2。Ⅲ区地层堆积情况相似，遗迹之上堆积可分为10层，第1层为现代耕土层，第2层至第9层为洪水淤积泥沙，第10层为房屋建筑倒塌后形成的堆积。

1号建筑基址揭露房址2座、砖铺路面3条，以F1为例说明。F1平面为规整的长方形，方向150°，面阔五间，宽18.7、进深9.6米，台明部分高0.6米。分心槽结构，南北两侧都有道路与居中的房间相通。由此推测，F1的正中一间极有可能是过道，北与L1相接，南与L2相接，过道东西两侧各间，对称分布。在过道两侧的隔墙中清理出两个铺地莲花柱础，在房址南半部发现一块抱鼓石。在F1的北侧出土一直径2.98米的铁镬。F1建造年代尚不明确，此次发掘区中出土的捐赠于明代的香炉表明该房址的起始使用年代应不晚于明，在房址的废弃堆积中，清理出大量清代遗物，推测其也毁于康熙时的大水。

4号建筑基址位于1号建筑基址东侧，揭露部分南北长约75、东西宽约50米，主要包括塔基及其以南的一路三进房屋两进院落建筑、西塔院、

1、2、4、5号基址全景
A Full View of Nos. 1, 2, 4 and 5
Building-foundations

1号建筑基址F1（西—东）
No. 1 Building-foundation (photo from west to east)

东塔院三部分。

塔基位于基址北部，现存石砌塔基及残余的部分砖砌塔座，塔基主体呈方形，台明广约38、深约40米，塔基未完全清理至当时地面。据当前发掘情况，塔基总平面呈倒"凸"字形，塔基内填夯土，共30层，外围用条石错缝平砌并层层向内叠涩形成收分，每层条石均向内缩进2～3厘米，条石之间用石灰粘结。塔基西南侧清理出一石碑，目前仅发现碑座和碑额，未见碑身。碑额正面有篆体阴文3行15字："大元□□泗州普照禅寺灵瑞塔之碑"。由此可知，4号建筑基址的石砌塔基即为灵瑞塔塔基。塔基之上置砖砌塔座，塔座内填夯土，外砌砖墙。塔基以南是一路三进房屋、两进院落的建筑，自南向北依次为F5—第一进院落—F6—第二进院落及东西厢房—F8，F8与塔座相连。

中轴线建筑西侧有一组由3座房屋和3个院落组成的建筑，暂称西塔院。西塔院外围有一圈大石块砌成的围墙，除一座院落位于围墙北侧外，其余房屋及院落均分布于围墙内。

中轴线建筑以东，清理出两道隔墙，其中一道由条石砌筑，与中轴线东墙围合成一个半封闭的区域，暂称东塔院，由于未完全揭露，其布局尚不清楚。

4号建筑基址上层倒塌堆积中发现带有模印"朐山"、"朐山县"、"盐城"字样的青砖，其中"朐山县"在今连云港东海一带，而朐山县治在明初洪武年间已经废除，可知灵瑞塔上所用青砖烧造于明初以前。塔基夯土中出土瓷片年代最晚可至元代，且出土瓷片中不见青花，推测塔基部分的建造年代可能为元代。依层位关系推断，塔基月台上加筑的中轴线建筑及东、西塔院的建造年代当晚于塔基建造时间，在倒塌堆积中清理出大量青花瓷片，部分碗底有"大明成化年制"款，推测这些建筑可能建于明早期。

2号建筑基址位于4号基址东北部，揭露部分南北长约90、东西宽约30米，西与5号建筑基址及1号广场相对，为南北向长方形的一组建筑群，以主干道L1为中轴线，方向150°，主要由第一进院落配殿、第二进院落配殿、第三进院落主殿组成，左右两侧的厢房或配殿基本对称。在2号基址的倒塌堆积中清理出大量生活用品、青花瓷片等。据文献记载，该基址所在区域为观音寺遗址所在地，出土文物中有墨书"观音寺"的红陶罐底，可知文献记载不谬。出土的陶装饰构件上刻有"天启四年五月吉担，龙凤，临淮县□人周于礼造"的铭文，可知基址建造于明天启年间。

5号基址位于L2北侧，距离2号建筑基址F2约20米，中间为广场，是一处房屋基址。

1号广场为2号基址、5号基址与南部围墙所形成的一处封闭区域，南有大门通向东西大街L2，南北长34.8、东西宽36米（未到边界），为遗址当时的一处公共活动区域，由活动面、水井、围墙等构成。

L2位于发掘区最南部，大致呈东西走向，揭露部分东西长80、宽3.6米，主要由垫土基础、砖石混筑路面和排水沟组成。

Ⅳ区发掘南城墙的一段、香华门、月城及3号建筑基址。

南城墙揭露部分长约130米，基础部分保存完整，宽9.4～12.3米。城墙残存最高1.5米，内外以砖石包砌，中间填筑夯土，宽度不一，大致为8～12米，内外墙均有多次加修迹象。本次发掘城墙筑于明代中期，废弃于清代早期。

香华门及月城均依南城墙而建，处在整个南城墙的西段。香华门平面呈长条形，南北长16.4、内宽3.4米。墙体用石头砌成，外侧包有青砖，垒砌整齐。其东西两侧有耳房与香华门和月城相接。门内发现有不同时期的路面6处，呈南北走向，均用砖石铺设。

月城平面大致呈圆角方形，墙体建筑方法同城墙一样，亦为砖石包墙，内填土夯筑。月城宽约7、残高1.55米。城门两侧各有一墩台，墩台南北长8.52、宽3.5米。月城内发现有道路、灶、排水沟等遗迹。

3号建筑基址包括城墙内侧道路1条、房屋建筑遗迹8组。道路大致呈东西向，宽1.1～2.5米，用小石块铺面，筑于明代晚期，被清代早期地层叠压。房屋建筑遗迹沿道路分南、北两排布置，每排4组，均由房基与庭院组成，各组房屋均发现有通向道路的院门。房屋筑于明代晚期，沿用至清代早期。

泗州城遗址出土遗物极为丰富，除石质及陶质建筑构件外，还有瓷器、陶器、石器、铁器、铜器、骨器、牙器等生活用品及兵器。其中，4号基址倒塌堆积中出土的一件铜质筒瓦，长85、大端宽15、小端宽14、厚0.7厘米，小端有一直径1.5厘米的圆孔，较为珍贵。

本次发掘证明了泗州城的存在，所清理遗迹的位置、性质等均可与康熙《泗州志》、《泗州通志》等文献中对于该城的叙述相印证。泗州城遗址虽埋于泥沙之下，但整个城市布局保存完整，为考古、历史及建筑史的研究提供了重要资料。

（供稿：朱晓汀　原丰　何汉生　胡兵）

2号建筑基址（北—南）
No. 2 Building-foundation (photo from north to south)

4号建筑基址塔基部分（西南—东北）
Stupa Base of No.4 Building-foundation (photo from southwest to northeast)

3号建筑基址
No. 3 Building-foundation

4号建筑基址塔基南侧建筑遗迹（南—北）
Building Remains on the Southern Side of the Stupa Base of No.4 Building-foundation (photo from south to north)

南城墙（西—东）
Southern City-wall (photo from west to east)

香华门（北—南）
Xianghua Gate (photo from north to south)

月城（东—西）
Subsquare "Moon" Court (photo from east to west)

东西大街L2（东—西）
East-to-west Trunk Road (photo from east to west)

香华门内道路（北—南）
Road inside the Xianghua Gate (photo from north to south)

2号建筑基址出土建筑构件
Structural Member from
No. 2 Building-foundation

1号建筑基址出土龙纹瓦当
Dragon Design Tile-end from
No. 1 Building-foundation

1号建筑基址出土滴水型瓦当
Tile-end for Dripping from No. 1
Building-foundation

1号建筑基址出土脊兽
Animal-shaped Ridge-ornaments from No. 1 Building-foundation

3号建筑基址出土建筑构件
Structural Member from No. 3
Building-foundation

3号建筑基址出土抱鼓石
Architrave Block from No. 3
Building foundation

1号建筑基址出土石香炉
Stone Incense-burner from
No. 1 Building-foundation

2号建筑基址出土青花瓷盘
Blue-and-white Porcelain
Dish from No. 2 Building-
foundation

The Sizhou City-site is located in the northwest of Xuyi County, Jiangsu Province, to the southwest of Hongze Lake. The city functioned in the Tang, Song, Yuan, Ming and Qing dynasties, and was inundated by the flood in the 19th year, Kangxi Era (AD 1680). In 2011 to 2012, the joint archaeological team from the Nanjing, Xuzhou, Zhenjiang, Huai'an and Xuyi museums carried out excavation on the city-site. In the opened area of more than 20,000 sq m they discovered and cleared a west-to-east trunk road, five spots of building-foundations, a section of the southern city-wall and the remains of the Xianghua Gate and subsquare "moon" court, as well as affirmed the No. 4 foundation to be the vestige of the "Lingrui Stupa" and the No. 2 foundation to be remains of the "Avalokitesvara Temple" as recorded in literal data. The excavation evidenced the existence of Sizhou City and corroborated the relevant documental records, and provided important material for further study of the city.

天津北辰区
张湾明代沉船遗址

WRECK-SITE OF THE MING PERIOD AT ZHANGWAN IN BEICHEN DISTRICT, TIANJIN

张湾遗址位于天津市北辰区双街镇张湾村东南、北运河河道转弯处，在2012年4月北运河清淤整治过程中发现。天津市文化遗产保护中心获悉后立即赶赴现场进行调查，根据现场散落的大量韩瓶、城砖及残损的木质船板等遗物判断（后编号为1号沉船），此处应为一处明代沉船遗址。经考古勘探，在1号沉船点南侧约20米区域又发现2号、3号两处沉船遗迹。经国家文物局批准，同年4~6月对沉船遗址进行了抢救性考古发掘，发掘面积550平方米，发现明代沉船遗迹3处，出土与采集金元至明清时期铜、铁、瓷、陶、骨、木、竹、棕等各类器物及标本600余件。

3艘木质沉船均埋藏于距现地表深约5.5米的北运河河道内的沙土层中，根据1号沉船被现北运河河道大堤所压及2号、3号沉船位于现北运河河道内的分布情况可知，北运河河道在这一区域历史上曾有过摆动。考古发掘前，在沉船点附近的运河河堤铲取了地层剖面，获取了从现地表到沉船遗址之间的层位堆积关系；考古发掘过程中，因遗址发掘区域位于运河河道内，地下水位对遗址造成浸泡无法开展工作，采取了先使用挖掘机械在发掘区周围开掘宽1、深1.5~2米的排水沟，然后用大功率水泵向外抽水的措施，保证了考古发掘工作的正常进行。根据沉船分布情况，发掘时将遗址分为Ⅰ（1号沉船区域）、Ⅱ（2、3号沉船区域）两个独立的发掘区，两区之间再开掘探沟，使其地层关系能够衔接。

1号沉船因施工机械破坏，残损严重，整体结构无存，仅在现场散落有较多不完整的船板。沉船点周围密集散布大量遗物，以城砖和韩瓶数量最多，还见有青釉瓷碗、盘残片，釉陶罐，棕绳，骨簪，船钉，铜钱等遗物，同时伴出有不少动物骨骼。

2号沉船发现于1号沉船南侧约20米处，结构保存较好，仅两侧舷板有损坏。船体木质坚硬、纹理清晰，呈东西向覆扣在北运河河道上，全长约12.66、船底部最宽处达2.2米，船尾略宽于船头，整体形状为齐头、齐尾、平底，据船底纵向规律分布的九排铁质船钉推测，2号沉船应存在8个船舱。该船修补痕迹明显，在船底板之间的缝隙处多用类似白灰的防水涂料填补，较大的缝隙则是先用碎瓷片填充，再用白灰涂补。在船体四周散落有大量各种形态的船钉，也见有瓷碗、陶罐、韩瓶、青砖、铜钱、骨簪、竹绳、麻绳及兽骨等遗物。

3号沉船位于2号沉船北侧约4米处，与2号沉船基本平行，也呈东西向覆扣在运河河道底部。该船首、尾残损无存，船体木质腐朽较为严重，但基本轮廓尚存，也为齐头、齐尾、平底，船体残长约11.8、船底最宽处约2.8米，船舱内现存5个底部呈弧形、顶部平直的隔舱板。沉船内部及周围出土青釉瓷碗、盘、高柄杯，釉陶罐，韩瓶，城砖，骨篦、簪，船钉，动物骨骼等遗物。根据沉船所在堆积层位和出土器物推断，遗址内

3艘沉船的年代为明代。

针对3艘沉船的不同保存状况，分别采取了不同的保护提取方式：对1号沉船残损船板全部采集包装；对3号沉船全部船板进行现场编号记录后，逐块拆解并分别包装，拟运回室内后进行脱水加固与复原；对木质保存最好、结构保存最完整的2号沉船，现场焊制13×3×1.8米的钢结构骨架长方体吊箱，将2号沉船连同其船舱内的包含物整体提取并翻转箱体180°，使沉船舱口向上，吊装运回室内后，对船体内部进行二次发掘。

2号沉船整体运回后，在临时搭建的定制彩钢房内又进行了室内二次精细发掘，全面清理船舱遗物。发掘方法为在箱体长中轴线两侧布小探方，对顶角分布的探方同时发掘，确保既有利于发掘，又能准确获取船舱内层位堆积情况。室内发掘表明，2号沉船舱体保存较差，仅在靠近船首处发现长方形带榫口木构件一处，隔舱板多有残损，其底部多有对称分布的方形排水孔。通过发掘又获取了包括陶瓷生活器皿、铁篙头、铁斧、棕绳、竹绳、人骨和动物骨骼等在内的丰富遗物。同时，对2号沉船船舱内的堆积全部按探方单位与堆积层位采用浮选法浮选，获得了大麦、小麦、水草、果核等植物遗存。目前出土的植物遗存及人骨标本等分析检测工作正在进行之中。

张湾遗址3艘明代沉船的集中发现，是大运河交通运输功能的重要体现，为大运河"申遗"工作提供了新的实物资料，遗址内呈倒扣状的2号、3号沉船以及2号沉船内发现的人骨均在国内较为罕见，具有重要的研究价值。

明代燕王朱棣定都北京后，其粮食供给主要靠内河漕运。天津段北运河是漕船的必经之处，3艘明代沉船的集中出土，很可能与沉船所处位置，即北运河天津段上蒲口村与下蒲口村之间弯多流急、易发生事故有关。

（供稿：盛立双 赵晨 戴滨）

2号沉船出土情况（东—西）

No. 2 Wreck in Excavation (photo from east to west)

3号沉船出土情况（西—东）

No. 3 Wreck in Excavation (photo from west to east)

2号沉船室内发掘现场
Indoor Excavation of No. 2 Wreck

2号沉船室内发掘现场器物出土情况
Objects in the Indoor Excavation of No. 2 Wreck

2号沉船室内发掘后船体
Ship Body of No. 2 Wreck after the Indoor Excavation

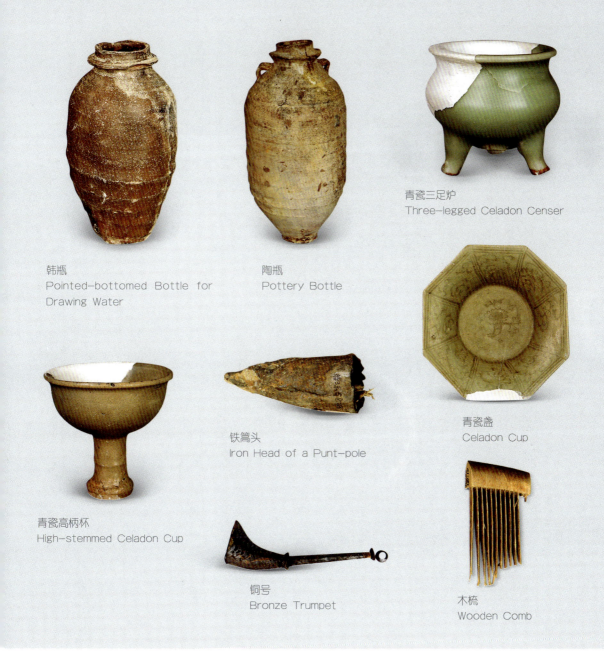

韩瓶
Pointed-bottomed Bottle for
Drawing Water

陶瓶
Pottery Bottle

青瓷三足炉
Three-legged Celadon Censer

青瓷高柄杯
High-stemmed Celadon Cup

铁篙头
Iron Head of a Punt-pole

青瓷盏
Celadon Cup

铜号
Bronze Trumpet

木梳
Wooden Comb

The Zhangwan Wreck-site of the Ming Period is situated to the southeast of Zhangwan Village of Shuangjie Town in Beichen District, Tianjin City, in a bend of the course of the northern Great Canal of China. In June 2012, the Tianjin Municipal Center for the Protection of Cultural Heritage conducted there salvage archaeological excavation. They revealed three spots of wreck remains of the Ming Period and discovered Ming-Qing period above 600 objects and specimens of various types. After the finishing of the field work, the No. 2 wreck best in condition was moved to a laboratory on the bank for a secondary excavation, which brought to light every-day pottery and porcelain vessels, an iron punt-pole head, iron axes, human skeletons, *etc*. The simultaneous discovery of the three wrecks of the Ming Period on the Zhangwan Site is an important embodiment of the transport and communication function of the Great Canal of China. It provided new material data to the application for the Canal to be included in the World Heritage List. The inverted Nos. 2 and 3 wrecks discovered on the site and the human skeletons from No. 2 wreck are rare findings and have great importance to studies.

南京白下区
瑞金路小学工地明代白虎桥基址

"WHITE TIGER" BRIDGE FOUNDATIONS OF THE MING PERIOD ON THE CONSTRUCTION-SITE OF NANJING BAIXIA-DISTRICT RUIJIN-ROAD PRIMARY SCHOOL

南京市白下区瑞金路小学位于南京市瑞金路38号，该区域不仅紧靠明代皇城和御道，并且据《洪武京城图志》记载，"五军都督府在承天门外御街西"，明代最高军事机构也在此，位置十分重要，是南京市地下文物重点保护区。根据《南京市地下文物保护管理规定》，地下文物重点保护区范围内施工前必须进行考古发掘工作，故受市文物局指派，南京市博物馆考古部于2012年8～11月对瑞金路小学教学楼改建工地进行了发掘。

工地位于瑞金路小学校园内北侧，东西长70、南北宽25米，考古队在施工区域中部布一条长50、宽4米的东西向探沟，由于在探沟内发现有砖墙、条石等遗迹现象，因此沿遗迹走向进行扩方，发掘面积共计约1600平方米，取得了重要收获。

探沟内地层依据土质、土色划分为近现代建筑垃圾层、清代层、明代层、宋代层和唐、五代层。出土遗物主要分为生活用品和建筑构件。生活用品主要为六朝至清代不同时期的瓷器残片，有青瓷、白瓷、青花瓷等，可辨器形有碗、盏、罐等；建筑构件主要有琉璃龙纹瓦当、琉璃龙纹滴水、莲花纹瓦当、桥石护栏、大城砖等。

工地除发现有明代磉墩、灰坑等遗迹外，最重要的是发现一处大型高等级明代桥梁建筑基址。这处桥梁建筑基址分为桥体、河道及两侧驳岸两部分。

该桥为砖石结构的券拱桥，呈东南—西北走向，南北宽15.9、东西现发掘长27米。桥体由桥面、桥拱和桥基三部分组成。

桥面在民国时期被毁，在桥北侧河道内发现有桥面上的石建筑构件，如石护栏等。

桥拱由券拱和护砖墙组成。券拱系砖石结构，最大跨径8米，顶部已坍塌，现存高度4.1米。拱作团弧形，南北两端均用微弧形长条石镶边，条石外弧长1.7、内弧长1.6、宽0.8、厚0.24米，由上至下起券三层，其中最上面和中间两层的条石稍短，长0.75、宽0.4、厚0.1米。券拱中间部分采用长条形青砖砌成，砌法采用"一券一伏"法，共两组，砖缝之间用白灰浆填实，青砖长41.5～42、宽21.5～22、厚11.5～12厘米。护砖墙位于券拱的东侧和西侧，平面呈南北向长方形，与南北两侧桥基包砖墙相连。经过解剖，该墙均用长条形青砖横向错缝平砌而成，外侧大部分用残青砖平砌。砖缝之间用细泥填实并且叠压在券拱砖上。护砖墙现存顶部宽2.75、南北长12.8米，底部平面宽1.8米，现存高度4.1米，剖面呈梯形。护砖墙的西侧壁面呈凹凸状。护砖墙是在砖铺平台面上向内收0.45米后再砌砖墙。砖铺平台现发掘南北长4、东西宽2.2、高0.3米，由下至上横向错缝平铺3层砖，较平整。砖铺平台建在夯土上，夯土厚0.5米，呈青灰

桥体全景
A Full View of the Bridge Body

色，较硬，夯层厚0.2～0.3米，夯面较平坦。夯土内夹杂少量宋元及六朝时期残青瓷碎片和残砖块、碎瓦砾片。砖铺平台与夯土之间平铺有一层厚0.1米的碎石渣。在解剖券拱西侧护砖墙时，发现有部分模印的文字砖，其中在一块长条形砖一侧模印有"洪武八年四月□日"，另一侧模印有"武昌府武昌县提调官县簿□□司吏高守一□□□□"等字，另一块一侧发现有"提调官主簿周礼司吏汪良作匠张正洪武七年□月"等字。

桥基南、北两端最外侧以条石横联垒砌，缝隙严密、白灰浆填实，条石长1.3、宽0.3、厚0.25米。条石内侧为包砖墙，包砖墙均用明代大砖由下至上错缝顺砌，南部包砖墙宽1.3、北部包砖墙宽1.2米。包砖墙内为夯土，南北宽12.8、厚达4.8米，上部为黄褐色，质地较硬，夯层厚0.25～0.5米，近底部为青灰色，质地亦较硬，夯层厚0.2～0.45米；夯面均略呈东高西低的缓坡状，其上平铺一层厚1～3厘米碎石渣。夯土内夹杂有少量明代、宋元时期及六朝时期的青瓷残片、碎砖块、瓦砾片等。

河道为西南—东北向，贯穿桥南北两侧。桥拱及其南部河道由于客观原因未清理，桥拱以北河道长16.5、宽8.7米（即东、西两驳岸之间距离）。驳岸（桥北部分）分为东、西两侧，为外有包砖墙、内部为夯土的结构，包砖墙下有木

桥拱
Bridge Arch

桥基条石
Long Narrow Stones of the Bridge Foundations

桩支撑。西驳岸南端宽6.7、北端宽11.1、现发掘总长15.6、高1.4、上距桥面1.5米。其西侧包砖墙保存较好，宽1.5～1.65米，东侧包砖墙几乎无存，仅剩木桩，现残长16.5、宽2.5米，木桩保存较好，分布无规律，直径0.15～0.35、高2.9～3.8米。东驳岸仅清理出西侧一半，仅剩木桩，现发掘长15、宽3.4米，木桩直径0.1～0.38、高2.9～3.8米。

本次发现的明代桥梁建筑基址等级较高，其桥体外侧均用条石砌筑，内有包砖墙，内部为夯土，桥面宽度近16米，如此体量的桥梁建筑基址在以往考古发掘中较为罕见。

根据《金陵古今图考》中"境内诸水图考"和《中国古代建筑史》上 "明代南京宫城皇城复原图"所揭示的明代白虎桥的位置，与此次发现的桥梁所处位置相吻合。此外，1928年共和书局出版一张带比例尺的民国老地图上标注的白虎桥与外五龙桥及御街的距离和我们实测此座桥与外五龙桥及御街的距离基本相同，因此我们认为此桥即为明代皇城外御河上的白虎桥。

白虎桥位于西长安门外，与东长安门外的青龙桥对应而设，以应风水之要。据出土的洪武八年（1375年）铭文城砖推断，白虎桥始建年代当不早于洪武八年，可能为洪武二十五年（1392年）时扩建明故宫大内时所建。白虎桥一直沿用至民国时期，1946年南京明故宫机场扩建时将其废弃，河道被填塞，并在御道街之西重开河道，以贯通水系。

白虎桥是御河上一座重要的桥梁，其紧邻明代皇城，位于五军都督府的西侧，连接着宫城与皇城水系，对于研究明代皇城的总体格局和水系安排具有重要价值。

（供稿：贾维勇　龚巨平　祁海宁）

券拱西侧护砖墙俯视
A Vertical View of the Wainscot on the Western Side of the Arch

券拱西侧护砖墙
Wainscot on the Western Side of the Arch

桥基夯土剖面
Section of the Rammed Earth Structure of the Bridge Foundations

河道西侧驳岸
Revetment on the Western Side of the River Course

石桥栏
Stone Bridge-rail

石桥栏
Stone Bridge-rail

琉璃龙纹滴水
Glazed Drip with
Dragon Design

琉璃龙纹瓦当
Glazed Tile-end with
Dragon Design

莲花纹瓦当
Tile-end with Lotus-
flower Design

The rebuilding project of Nanjing Baixia-District Ruijin-Road Primary School is going to be carried out in the No. 38 compound on Ruijin Road, Nanjing City. According to the relevant stipulation, the Nanjing Municipal Museum conducted excavation on the building site in August to November 2012, which resulted in the discovery of a ruined high-grade large-sized bridge of the Ming Period. The remains include the vestiges of the bridge body and river course and those of the revetments on the two banks. The bridge body is an arched brick-and-stone structure, extends from the southeast to the northwest and measures 15.9 m in width from the north to the south and 27 m in length for the presently excavated part. The river course runs from the southwest to the northeast and is 16.5 m long and 8.7 m wide for the section so far excavated. On its two sides are the revetments. In the light of the relevant records in documents and related marks in old maps of the Republic Period we believe the bridge to be the "White Tiger" Bridge over the Imperial River outside the Ming Period Imperial City. It was built in the early Ming and remained in function down to the Republic Period until its abandonment in 1946, in the extension works of the Nanjing Ming Palace Airport. The "White Tiger" Bridge has important academic value to the study of the general layout and water system of the Ming Imperial City.

广东南澳Ⅰ号明代沉船
2012年水下考古发掘

2012-YEAR UNDERWATER ARCHAEOLOGICAL EXCAVATION OF THE NAN'AO-I WRECK OF THE MING PERIOD IN GUANGDONG

南澳Ⅰ号为一艘明朝万历年间的古船，位于广东省汕头市南澳县东南三点金海域，遗址处水深约27米。沉船发现于2007年，2010年开始进行抢救性考古发掘，历经2011、2012年，目前已总体完成阶段性工作目标。

2012年南澳Ⅰ号沉船考古发掘项目由国家文物局水下文化遗产保护中心、广东省文物考古研究所、广东省博物馆承担，联合来自北京、广东、天津、山东、福建、海南等省市的水下考古与文物保护专业人员，共同组建"南澳Ⅰ号考古队"，于6月4日～9月27日对沉船进行水下发掘，摸清了沉船遗址的分布情况与船体结构，抢救出水文物近6000件，并出有小珠、小管等串饰2万余件，至此船载文物已基本清理完成。工作期间，还开展了多项有关凝结物、铁质和木质文物的科技考古研究，采集大量遗物、泥样、水质等标本，并对遗址进行了声纳扫测，掌握遗址及周边的海洋地质环境。在考古发掘结束时，借助钢结构的探方框加焊钢管，形成保护框罩，实施对沉船主体的临时性保护措施，以解除水下船体被人为破坏的风险。

本次水下发掘工作首次使用大型钢质水下探方框（32×12米），在岸上成型后整体吊装，解决了考古目标与沉船保护目标的两个难题，框架基脚按"吸力锚"原理设计，到位后不会继续下沉。工作中借助探方框，进行多功能拓展，安装水下抽泥、水下灯阵、测量参考、标识牌等配套设施，在抽沙清理、水下测绘、水下录像、水下定位、水下安全等方面发挥了明显的效果。潜水作业统一采取高氧双瓶的潜水模式，用负压式抽沙设备去除淤沙层，对揭露的遗迹、遗物进行测绘、摄像等考古记录，最后提取遗物出水，清空的舱体用支撑架进行加固。

此次发掘在创新水下考古技术领域收获颇丰。一是使用RTK技术，于近岸处设置基站，为水下动态环境各测量点提供时时精准坐标，较GPS、DGPS定位技术更加精准。二是首次使用简易潜水钟，钟内配备三方通话面罩OTS系统、备用潜水装具、照明灯等设备，加强了水下队员之间、水下与水面人员之间的无障碍工作联系，大幅度提高了水下工作效率与工作安全。三是加强对各方资料领域的收集，涉及出水文物保护、海洋生物、海洋环境等多学科领域。

沉船遗址地处沙质海床面，位置相对低洼，沉船主体埋于沙下，遗址表面散落有瓷器，并出露有大小不等的凝结块。沉船呈南北走向，艏北艉南，船体由西向东倾斜。南北残长24.85米，保存25道隔舱板，其编号往北为N1～N18，往南为S1～S6。船体最宽处位于中部N5舱处，宽7.5米。艏尖舱残，存其下的底舱板，艉即S6隔舱板，为尾封板，呈倾斜状保存有2层板。船舱数量包括残破的艏尖舱，共计25个。平均舱宽0.8～1米。船底板共有2层，每层厚5厘米。

船舱以N11舱为例，舱长4.49、宽0.92、深0.9米。抱梁肋骨紧贴南侧舱壁底部，呈弧形。舱中载满各式陶罐，个别罐中装有疑似土茯苓的食物。舱底部铺有一层薄板，垫平船舱，以便于载货。垫板宽18～42厘米不等，多板平铺。垫板之下还放置有长木棍，两侧舱壁各置一根，直径5厘米，仍起加高、垫平作用。这种船底平铺垫板的做法通用于其他船舱。

S6舱为尾舱，板向南倾斜，即尾封板，不同于其他隔舱板或竖直或微向北斜。此舱中部有两条平行但与隔板垂直的方木，向北延伸，与S5隔舱板相接，起加固船体的作用。两方木边长8～9厘米，间距1米。

隔舱板一般厚10厘米，每道隔舱板由上下

N11舱局部
Part of Cabin N-11

水下发掘现场
Underwater Excavation-site

水下文物
Underwater Cultural Relics

几层板拼接而成，每层之间由2～3块板以直角同口的方式相接，板用方形铁钉上下左右加固。每层板高30、厚10厘米，长2米余。提取的两块S6尾封板接口斜削，即斜角同口的拼接方式，从钉孔痕上看，每道隔板用钉子从两面往下向中心斜插，从上层板打到下层板的中部，每枚铁钉的孔心距约15～25厘米不等。

为方便装载，舱中常加有木板、木棍，插在船货与隔舱板或船货之间。此类薄木板不同于舱底垫板，起四周间隔货物的作用，为载货时临时按需增添。

本次发掘出水遗物有瓷器、陶器、金属器、木器、石器及其他质地文物，共计5805件，其中瓷器5457件、陶器107件、金属器76件、其他质地文物165件，还有不计在内的铜钱

约1906枚、各类串饰26945件。此外还出水了较多的无机物和有机物标本，包括荔枝、龙眼、橄榄等果核，还有柿饼、疑似土茯苓根茎、疑似火药粉状物、水银等。

瓷器为本船的主要装载货物，各舱均有出水。值得注意的是在尾舱出有少量厨房用具类（非商品）的各式陶罐、石杵等遗物，舱中部出有人物故事雕花漆木片、铜锁、铅陀、锡盒、骰子、围棋、木梳、木家具构件等反映船员生活的遗物，亦出有铁炮、铜炮、铁铳等船载防卫武器。作为主要商品的瓷器来自两个窑系——福建漳州窑系和江西景德镇窑系，主要为青花，部分为五彩，也有少量青釉、白釉、青白釉产品，以带"沙足"的漳州窑系各类青花大盘最有名。

（供稿：崔勇　周春水）

青花立凤纹盘
Blue-and-white Dish with
Standing Phoenix Design

青花麒麟纹盘
Blue-and-white Dish with Kylin
(Chinese Unicorn) Design

青花莲花纹盘
Blue-and-white Dish with
Lotus-flower Design

青花"百银万两"字盘
Blue-and-white Dish with the Inscription
"百银万两" (A Million Silver Coins)

青花地云龙纹碗
Bowl with Cloud-and-
Dragon Design on Blue-
and-white Ground

青花缠枝花卉纹净瓶
Blue-and-white Bottles with Interlocking
Flowers Pattern

青花折枝花卉纹粉盒
Blue-and-white Powder
Box with Floral Sprays

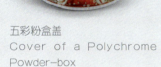

五彩粉盒盖
Cover of a Polychrome
Powder-box

酱釉堆塑龙纹四系陶罐
Brown-glazed Four-looped
Pottery Jar with Dragon
Design in Relief

酱釉堆塑凤纹六兽系陶罐
Brown-glazed Pottery Jar
with Six Animal-shaped Loops
and Phoenix Design in Relief

The Nan'ao-I Wreck of the Ming Period lies in the sea area southeast of Nan'ao County in Shantou City, Guangdong Province. Its 2012-year archaeological excavation was conducted in June to September. Based on the previous work, the present operations resulted in the clearance of its distribution and structure. The wreck points to the north and south, measures 24.85 m in remaining length, 7.5 m in maximum width and 1 m in depth, and consists of 25 cabins as known from the vestiges. The yielded cultural relics total approximately 6,000 plus 20,000-odd ornaments strung of small beads and tubes, as well as numbers of organic artifacts. Up to the present

the movable objects have been cleared on the whole. They are largely celadon vessels of Zhangzhou ware, which are associated with a lot of other porcelain articles, pottery vessels, metal artifacts and wooden implements. The excavation was operated by using the real-time-kinematic technique and an integrally-made and accurately-installed large-sized excavation frame, as well as improving underwater sand-extracting facilities and conversational system, setting-up underwater lamp-formations and installing simple and easy diving bells as auxiliary means. Thus it stored up a series of valuable experiments for safely launching underwater archaeological work.

贵州遵义

海龙囤遗址

HAILONGTUN SITE IN ZUNYI, GUIZHOU

海龙囤遗址位于贵州省遵义市老城北约15公里的龙岩山东麓、湘江上游。遗址所在的山峰相对高度约350米，三面环水，一面衔山，地势险要，仅囤之东西各有仄径可以上下，《明史·李化龙传》称其为"飞鸟腾猿不能逾者"。

遵义旧属播州，公元9～17世纪，杨氏世守其土。据现有文献，海龙囤始建于南宋宝祐五年（1257年）的抗蒙期间，而毁于明万历二十八年（1600年）的"平播之役"，是在中央王朝资助下，以播州杨氏为主修建的防御性工事。如今周长约6公里的环囤城墙尚存，囤东铜柱、铁柱、飞虎（三十六步）、飞龙、朝天、飞凤六关以及囤西后关、西关、万安三关依然屹立。囤顶平阔，囤内面积达1.59平方公里。"老王宫"和"新王宫"是囤内两组大型建筑群，其面积均约2万平方米。囤周边有养马城、养鸡城、养鹅池、望军囤互为羽翼，构成一个庞大的军事防御体系。

2012年4月起，经国家文物局批准，贵州省文物考古研究所联合汇川区文广局对海龙囤遗址进行了首次考古发掘，"新王宫"是此次发掘的重点。

发掘揭露的遗迹有环"宫"城墙、房屋、道路、池沼、窑址等，择要予以介绍。

（1）环"宫"城墙

调查发现"新王宫"四面有墙。墙由土、石混筑而成，局部地点尚高出地面0.5～1.5米，部分则掩于土下，但墙基尚存，墙宽约1.9～2.4米，周长约500米。城墙围合的新王宫面积达1.8万平方米。经解剖发掘，墙基内外两侧填土中散落有瓦砾，表明墙顶原有板瓦覆盖。

（2）房址

已探明建筑遗迹19组（F1～F19），并对其中的11组进行了发掘和试掘。建筑以大石营建台基，以砖筑墙，以瓦苫顶，有脊饰。以F7为例，其位于龙位坪中央，通面阔30、进深10.24米。面阔五间，明间稍宽，面阔4.6米，其余均4.2米。柱础石直径均0.45米。明间正中偏后有石砌基座，正面为长4.8、宽1.6、残高0.4米的须弥座。传旧有雕龙石椅于其上，毁于1958年，"龙位坪"因之得名。

（3）道路

发现道路数条，以L2为例。L2，俗称水牢，在"三台星"东北侧，发掘前系一券顶石室，临坎一端敞开。石室长7.2、宽1.42、高2.16米。民间传说此处为杨应龙关押犯罪官员的"水牢"。经发掘，石室的前后两端均有踏步相连，由东而西，随山势抬升。所谓的"水牢"实为一条延向"三台星"北侧踏步的通道。

（4）池沼

池沼4个，大小各异。以C3、C4为例，其位于F9西侧，紧邻城墙，两池并列，大小相当，但一深一浅，池周环有砖墙，均有排水设施，疑系一处厕所遗迹。

（5）窑址

在"老王宫"南侧大园子一带，发现窑址3座。Y1窑室呈椭圆形，长5.34、宽3.32、残高1.56米，其内出有大量砖屑及未经火烧的砖坯。所出砖块尺寸与"新王宫"所见者同，部分有"初一号"和"十六"铭文，知其为明代砖窑。

（6）采石场

采石场1处，发现各类楔眼120余个。楔眼长9～85厘米，多约30厘米；宽2～21厘米，多约5厘

"三十六步"与飞虎关
"Thirty Six Steps" and the "Flying Tiger" Pass

飞龙关
"Flying Dragon" Pass

飞凤关
"Flying Phoenix" Pass

万安关
Wan'an (Everlasting Safety) Pass

F10发掘现场
Excavation-site of House-foundation F10

F8
House-foundation F8

米；深5~23厘米，多约10厘米。石料及楔眼与新王宫建筑用材完全对应。

本次发掘出土大量石、砖、瓦、脊兽等建筑构件。其中，部分砖的端头或侧面有模印铭文，有"骀"（同验）、"砖"、"十六"、"十六砖"、"初一号"等，以"初一号"、"十六"和"十六砖"最多，其意大约是验收的标记或检验质量的依据。

出土器物还有碑刻、瓷器，以及玻璃器、铁锁、石球（礌石）、铅弹、铁矢、铁瓦钉、铁门扣、铁锅、铜铠甲片、陶水管、陶钉帽、石砚台等。碑刻以传世的"骠骑将军示谕龙岩囤严禁碑"最为重要。该碑对囤上建制及上下囤制度作了简洁交代，是研究海龙囤的重要碑刻资料。发掘中又在海潮寺前掘出20世纪70年代被推入粪池

L2
Road L2

采石场
Quarry

采石场上密集的楔眼
Dense Peg-holes in the Quarry

中的残碑一通，碑两面有字，一面为"题王羽卿诗后碑"，一面为"海龙山寺碑"。瓷器碎片较多，仅F9一号房间（厨房）内即出上万片，有青花、酱釉和青瓷等，以前两类居多。

经初步发掘显示，"新王宫"是一组以中央踏道为中轴线、两侧屋宇栉比鳞次的庞大建筑群，其面积达1.8万平方米，其因山取势，坐西南向东北，方向38°，整体大致呈"横三纵三"的格局，即横向分为左、中、右三路，以中路为主，纵向分成前、中、后三段，以中段为主。

"横三纵三"是明代衙署的普遍布局，而"新王宫"实质上就是一处特殊的土司衙署。明

李化龙《平播全书》称"新王宫"为"贼衙"、"衙署"、"衙宇"、"衙舍府库"等也充分表明了其性质。与一般衙署中轴对称、前堂后寝的格局一致，"新王宫"也大体遵循了"前堂后寝"的平面布局，处于中轴线左后侧的"三台星"极有可能就是土司的"卧房"。

但是，自南宋中后期开始，位于今遵义老城的穆家川一直便是杨氏的政治中心播州宣慰司的司治，海龙囤实际构成了与作为平原城的司治并行的一套山城体系，更加凸显军事功能。

同时，清理发现的大量灰烬、炭屑及砖红色瓦砾、砖块、碎裂的石块、烧焦变形的瓷器等都

明万历《骠骑将军示谕龙岩囤严禁碑》拓片
Rubbing of the Stele "骠骑将军示谕龙岩囤严禁碑" Erected in the Wanli Era, Ming Period

表明"新王宫"曾被火焚。而《平播全书》明确记载明军破囤时，播州末代土司杨应龙见大势已去，遂于卧房纵火并自缢，与发掘情况相符。另目前可确定的"新王宫"内遗物，最晚者为万历青花，知其为该建筑的废弃年代。换言之，"新王宫"应是杨应龙最后的官邸，至于其始建于何时，目前的材料还不能给出准确的答案。

（供稿：李飞）

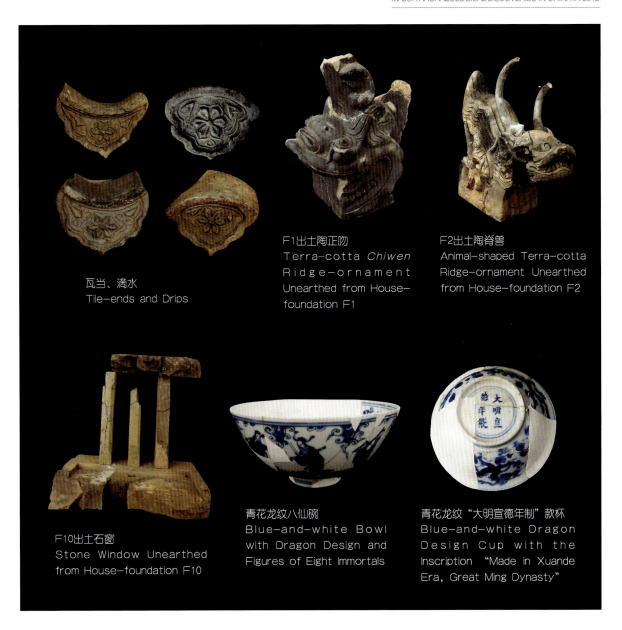

瓦当、滴水
Tile-ends and Drips

F1出土陶正吻
Terra-cotta *Chiwen*
Ridge-ornament
Unearthed from House-
foundation F1

F2出土陶脊兽
Animal-shaped Terra-cotta
Ridge-ornament Unearthed
from House-foundation F2

F10出土石窗
Stone Window Unearthed
from House-foundation F10

青花龙纹/八仙碗
Blue-and-white Bowl
with Dragon Design and
Figures of Eight Immortals

青花龙纹"大明宣德年制"款杯
Blue-and-white Dragon
Design Cup with the
Inscription "Made in Xuande
Era, Great Ming Dynasty"

The Hailongtun Site is located at the eastern foot of Longyan Hill about 30 km north of the old city of Zunyi City, Guizhou Province, in the upper Xiangjiang River valley. It was a defensive fortification the Bozhou chieftain Yang by surname built in the fifth year of Baoyou Era, Southern Song Period (AD 1257), and was demolished in the "battle for putting down the rebellion in Bozhou" of the 28 year of Wanli Era, Ming Period (AD 1600). From April to December 2012, the Guizhou Provincial Institute of Cultural Relics and Archaeology, along with other institutions, carried out excavation on the site. They revealed the remains of the "palace"-enclosing wall, houses, roads, pools and kilns, and brought to light a large number of objects, such as inscribed steles and porcelain articles. The excavation cleared roughly the layout of the "New Royal Palace" on the site, obtained new understanding of the functional division of the site and furnished important material data to deep-going study into the relationship between the chieftain regime in southwestern China of the Song-Ming period and the then central dynasty.

北京大兴
清代德寿寺遗址

**DESHOU TEMPLE-SITE OF THE QING PERIOD
IN DAXING, BEIJING**

德寿寺遗址位于北京市大兴区旧宫镇东南，距北京市区12公里，是清代皇家园囿——南苑内的一座重要寺宇。顺治十五年(1658年)，世祖章皇帝下令修建德寿寺，顺治、康熙、雍正三位皇帝常到南苑行围，驻跸南苑行宫，亦常到德寿寺瞻礼。乾隆二十年(1755年)德寿寺遭火焚毁，二十一年(1756年)再建，次年落成，乾隆四十五年(1780年)又进行扩建，在寺内加建御座房三楹。

为配合南苑德寿寺复建工作，2012年5～9月，经国家文物局批准，在大兴区文化委员会及旧宫镇政府的支持与配合下，北京市文物研究所对该遗址进行了考古发掘，发掘面积9000平方米，清理出的遗迹主要有山门、钟鼓楼、佛殿、大佛殿、御座房等寺庙建筑基址，出土遗物主要

为琉璃建筑构件及石构件，其中部分石构件刻有"旧宫"二字。

建筑基址开口于表土层下，基础可分为两层，上层为三合土基础，夯质较好，厚0.8米，下层为素夯土基础，厚0.2米。

德寿寺坐北朝南，目前地表仅存两座碑亭，两碑形制相同，螭首龟趺，碑身面宽1.8、厚0.93米，龟座长3.3、高2.05米，碑通高7.5米。碑首四龙盘顶，碑四边浮雕龙云宝珠，雕工精细，西侧碑镌满文，东侧碑镌汉文。碑正面镌刻乾隆御笔的《重修德寿寺碑记》，碑背面和两侧镌刻乾隆的六首诗篇。

德寿寺为四进院落，南北长152、东西宽56.6米。由影壁基础、东西牌楼基础、八字墙基础、山门基础、旗杆基础、钟鼓楼基础、佛殿基

碑亭
Stone-table Pavilions

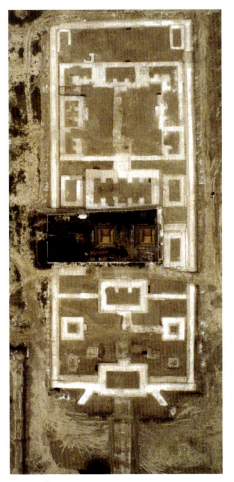

遗址全景
A Full View of the Temple-site

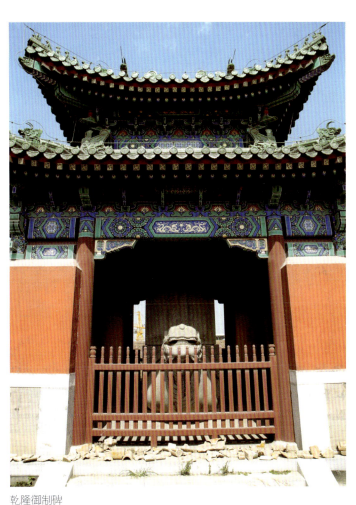

乾隆御制碑
The Emperor Qianlong Erected Stele

础、佛殿东西配殿基础、大佛殿基础、大佛殿东西配殿基础、御座房基础、燎炉基础、碑亭、东西顺山房基础、御座房东西配殿、东西转角房基础、东西值房基础、静室基础、围墙基础等部分组成。

影壁及东、西牌楼已超出征地范围，未能进行发掘。

八字墙位于山门南部，东西两侧，呈"八"字形，三合土基础南北长8、东西宽3～3.6米。

山门与佛殿之间为第一进院落。

佛殿基址
Foundations of the Buddhist Pavilion

大佛殿基址
Foundations of the Great Buddhist Pavilion

八字墙基址
Foundations of the Splayed Wall

东旗杆基址
Base of the Eastern Flag-post

钟楼基址
Foundations of the Bell Tower

燎炉基址
Base of the Offerings Burner

西转角房基址
House-foundations in the Western Corner

南侧围墙
Enclosing Wall on the Southern Side

山门位于寺庙遗址的南围墙正中，平面呈长方形，基础东西长19.2、南北宽13.4米，三合土基础宽3.2～3.4米，

佛殿位于山门之北、碑亭之南，平面呈长方形，东西长19.2、南北宽13.4米，面阔三间，东、西侧墙基宽3米，南、北侧墙基宽3.4米。佛殿北中部清理发现通往碑亭的甬路基础，东西长6.8、南北残存2.2米。

钟、鼓楼遗址位于山门之北，佛殿之南，沿中轴线对称分布。平面呈正方形，基础边长9.4米，三合土基础宽3米。在两基础之间清理出连接钟鼓楼的三合土基础，应为甬路基础，中部向北延伸至佛殿，西侧甬路基础已破坏严重，东部尚存，三合土基础残宽3.2米。

旗杆基础共发现两处，分别位于第一进院落的东南、西南部，平面呈长方形，东西长4、南北宽3.2～3.6米，该基础破坏严重，旗杆基础的中部呈圆形，直径为2.4米。

燎炉基础共发现两处，分别位于一进院落的东南、西南部，旗杆基础的东北、西北，平面呈正方形，边长4.4米。

佛殿与大佛殿之间为第二进院落。

大佛殿位于碑亭之北，其基础部分压于碑亭围墙之下，未能发掘。基础东西长28.2、南北残宽14～15.6米，面阔五间，三合土基础宽3.2米，殿内筑有灰土柱基，分南北排列两行，每行4个，均为正方形，中部两个边长均为2米，两侧为1.8米，中部柱基间距3.4米，两侧柱基间距3米，均有所破坏。在大佛殿基础的北中部清理出东西宽7米的三合土基础，并向北延伸至三进隔墙腿子房。

碑亭两座，现保存较完整，四周由围墙保护。

佛殿东配殿遗址位于东碑亭的东侧，平面呈长方形，东西向，基础南北长17.5、东西宽9.6米，三合土基础宽3米。佛殿西配殿遗址位于西碑亭的西侧，沿中轴线与东配殿对称分布。因上部为现存碑亭围墙，无法进行考古发掘。

大佛殿东西配殿位于大佛殿东西两侧，平面呈长方形，东西向，基础南北长12.4、东西宽8.7米，墙基宽3～3.4米，东西配殿规格相同。

大佛殿之北，御座房之南为第三进院落。

御座房位于大佛殿之北，平面呈长方形，东西长16.2、南北宽10.6米，面阔三间，南侧清

理出2个三合土柱基，向北延伸1.6米，间距2.4米，柱基宽2米，夯质较好。该基础与东西两侧转角房基础相连。该基础南中部三合土基础向南延伸2.4米处破坏殆尽，东西宽5米。

转角房位于后正房楼基础东西两侧，平面呈曲尺形，基础东西长12、南北宽11.6米，南、北部均为两间，转角区域破坏严重。

御座房东西配殿位于转角房的南侧，平面呈长方形，东西向，西配殿南北长14.4、东西宽9.6米，面阔三间，内有2个三合土基础，向内延伸1.6米，宽2米，间距2米。三合土夯质较好。东配殿破坏严重。

顺山房位于御座房东西配殿的南侧，该基础南部与三进院落的隔墙相连，北部与配殿的南墙相连，平面呈长方形，东西向，南北长8.8、东西宽7.2米，面阔三间，内有2个三合土基础，向内延伸1.4米，南北1.4米，间距1.2米。

御座房之北为第四进院落。内有静室、东西值房等建筑遗址。

静室位于西转角楼北侧，平面呈正方形，西北部已破坏，边长4.2米，北部残存2米。

东西值房沿中轴线分布于第四进院落东西两侧，平面呈长方形，东西向，基础南北长9.4、东西宽5.6米，东值房基础较完整，西值房三合土基础破坏严重，东北部向南仅残存6米，墙基均宽1米。

围墙基础南北长145、东西宽56.6米，围绕寺庙一周，基础宽3.4～3.6米，部分区域三合土基础上有明显墙基痕迹。

南苑是清入关后所建的第一座大型皇家苑囿，也是紫禁城外的第一个政治中心。顺治九年（1652年），顺治帝在南苑接见了第一位进京的西藏黄教领袖五世达赖。乾隆四十五年（1789年），乾隆帝又在南苑德寿寺内接见西藏黄教领袖六世班禅。这两次谒见对增进清代西藏政府与中央朝廷关系起到了十分重要的作用，德寿寺是清代西藏政府与中央朝廷关系的历史见证。

本次发掘基本掌握了德寿寺遗址的布局，不仅为复原寺庙提供了依据，也进一步丰富了北京地区佛教考古资料，对北京地区佛教考古、研究清代西藏与清王朝关系均具有重要的意义。

（供稿：刘乃涛　朱志刚）

"旧宫"石构件
Stone Structural Member of the "Old Palace"

柱础
Plinth

琉璃鸱吻
Glazed *Chiwen* Ridge-ornament

琉璃滴水
Glazed Drip

The Deshou Temple-site is situated southeast of Old Palace Town in Beijing City, 12 km apart from the city proper. It was one of the important imperial temples of the Qing Period. In May to September 2012, in coordination with the reconstruction of the temple, with approval from the State Administration of Cultural Heritage, the Beijing Municipal Institute of Cultural Relics carried out there excavation. In the opened area of 9,000 sq m they cleared chiefly the foundations of the main gate, bell and drum towers, Buddhist pavilion, Great Buddhist Pavilion and imperial chamber. The unearthed objects are largely glazed structural members and stone plinths.

The temple faces to the south. On the ground remain only two stone-table pavilions each with a stone stele inside. The whole building complex consists of four compounds in a vertical direction, with the main buildings laid out along the central axis and the auxiliary ones on the western and eastern sides. The excavation cleared the layout of the temple, provided evidence not only for the reconstruction of the temple, but also for enriching the data of Buddhist archaeology in the Beijing area, and have important significance to the study of the relationship between Tibet and the imperial dynasty in the Qing Period.

辽宁沈阳
清代汗王宫遗址

KHAN ROYAL PALACE-SITE OF THE QING PERIOD IN SHENYANG, LIAONING

2012年5~8月，沈阳市文物考古研究所在辽宁省沈阳市沈河区北中街路北地块的某建筑工程用地内发掘出一组清代早期建筑址，发掘面积约1600平方米。根据《盛京城阙图》中所绘的"太祖居住之宫"（俗称"汗王宫"）的位置，结合发现的建筑基础和遗物，我们认为这组建筑址即为汗王宫遗址。

汗王宫是清太祖努尔哈赤于明天启五年（1625年）迁都沈阳后居住的宫室。根据《盛京城阙图》所绘，这座宫室坐落于盛京城北城墙的福胜门与地载门之间，原明代沈阳中卫城北门南面，面对沈阳城的南北通天街。本次发掘的这组建筑址位于北中街路北，九门路南，北面正对清盛京城"九门"遗址，南面正对通天街，与《盛京城阙图》相吻合。因遗址北围墙已超出工程用地范围，故仅开掘一条探沟对建筑址与清盛京城的城墙、"九门"的关系进行了探查。经探查，建筑址中轴线正对"九门"遗址，而建筑址的北围墙外墙皮距盛京城城墙内墙墙面仅10.6米。

遗址是一座坐北朝南的二进院落的建筑址，南北长41.5米（北围墙至南围墙），东西因破坏严重未发现围墙，宽度不详。

一进院仅发现大门和南围墙，院落内未发现其他同时期建筑。大门为南向，东、西两侧各有3

个门础石，南北向一字排开，中间的础石包砌在门垛内。础石形状不尽相同，有4个平面为圆形，1个为圆角方形，1个为不规则长条形。据此推测门址东西约3.4、南北约3.4米。此种结构的门址在清代是贵族使用的"广亮大门"。院落西侧被清晚期的两座房址打破，东侧被一晚期高台建筑址打破。一进院落的南围墙宽1米，从大门向西残存17.75米，向东残存8.4米。东、西两侧围墙已被破坏殆尽。南围墙仅剩两层砖，最下层的基础青砖采用横放竖立的方式，上层青砖平铺，泥口砌筑。墙体四周砌砖，中部填陷用碎砖，这是明清时期较流行的"包砖墙"砌法。

二进院整体坐落在高台基址上，其门址正对一进院大门，东侧被一晚期的高台建筑址打破。门址现仅存与高台基址平行的一层青砖立砌的台阶，台阶前有一块长方形的砖铺地面，南北宽1、东西残长2.7米，推测其东西长度应和高台的夯土宽度一致，即5.6米。残存的高台基址与一进院落地面高差约为1.5米，据此可知，二进院大门应由数级台阶组成，由此而上可迈入以高台基为底座的二进院落。

高台基址由数道南北向、东西向的砖筑基础和夯土台构成。现保存有中间的两组南北向砖筑基础，两者均长23.5、宽3.3米，间距6米；西侧砖筑基础仅存南部一小部分，距中间西边的台基13.5

遗址发掘现场
Excavation-site of the Site

一进院大门
Gate of the First Compound

一进院南围墙
Southern Enclosing Wall of the
First Compound

二进院大门
Gate of the Second Compound

二进院高台基局部
Part of the High Platform-foundations in the Second Compound

高台基东西向砖筑基础细部
Detail of the West-to-east brick-courses of the High Platform-foundations

高台基夯土台板筑痕迹
High Platform-foundations with Traces of Earth-ramming in Plank Frames

米；东侧砖筑基础已被毁无存。北面的东西向砖筑基础因大部分已超出工程用地范围，仅发掘出西侧和正中的一段，可知其宽4.2米。南面的东西向砖筑基础仅西侧尚存一少部分，残长9.1米，宽度不详。中间两组南北向砖筑基础与东西向砖筑基础之间为夯土台，长16.8、宽5.6米，板筑而成。东、西两侧的夯土台均被破坏。据此，我们按照对称分布的方法推测，整个砖筑台基大体略呈"Ⅲ"形，东西长约46、南北宽23.5米。

根据发掘情况，我们了解到二进院高台基址的砌筑特点是砖包土结构，即中间先夯筑东、中、西三个土台，然后四周再用宽3米余的青砖带围筑，形成砖筑基础，二者顶部之间形成的空隙中用木料填充。砖筑基础外侧多用整块青砖，白灰口，内部则多用碎砖逐层填充而成。因所处位置不同，所用砖材及建筑基础亦略有差别。南面的东西向砖筑基础因正对一进院落，其外侧用两行长条石砌筑，且所用均为整块38×16×10厘米的青砖，整体砌筑规

整。北面的东西向砖筑基础则未见条石，用砖也多残半，特别在北部还夹杂有砖坯。

二进院筑于高台基上的主体建筑早已无存。在高台基址北0.9米处，我们发现了汗王宫北围墙。其结构同一进院南围墙相同，为包砖墙，宽1.4米。

该建筑址的废弃堆积中出土了大量建筑构件和数枚"天命通宝"铜钱，琉璃建筑构件数量较多，有板瓦、筒瓦、滴水、花砖、串珠纹砖、砖雕等，均施绿釉。圆形筒瓦瓦当当面、滴水当面和部分模印花砖卜饰有莲花纹。

本次发掘确认了汗王宫的存在，也使我们了解了其选址的重要性。汗王宫与沈阳故宫大政殿为同时期建筑，两者的关系体现了清早期"宫"与"殿"分离的满族宫廷建筑特征。汗王宫遗址的发现不仅为研究清早期的宫阙建筑提供了重要实物资料，也对探讨清代盛京城的规划、分析《盛京城阙图》的内容、研究明末清初历史等有重要价值。

（供稿：赵晓刚　李树义）

瓦当
Tile-end

滴水
Drip

板瓦
Flat Tiles

筒瓦
Cylindrical Tile

串珠纹砖
Strung-beads Design Brick

雕砖
Carved Design Brick

"天命通宝"
Coin with the Legend "Tian Min Tong Bao 天命通宝"

In May to August 2012, the Shenyang Municipal Institute of Cultural Relics and Archaeology excavated a group of building-foundations of the early Qing Period to the north of Northern Middle Street in Shenhe District of Shenyang City, Liaoning Province, in the plot of a construction project. According to the "Shengjing Cheng Que Tu 盛京城阙图"(Map of the City and Imperial Palaces of Shengjing) that shows the location of the "Grant Ancestor's Living Palace" and judged by the excavation results, these building-foundations are just the Khan Royal Palace-site of the Qing Period. It is a two-compound building complex facing to the south, measuring 41.5 m in length from the north to the south but unknown in width from the west to the east. The first compound left over only the gate and southern enclosing wall. The second one is built on a high platform, which is built of several vertical and horizontal brick structures and the rammed-earth fillings in the frames they form, and looks like the figure "Ⅲ". It is 23.5 m wide from the north to the south and about 46 m long from the west to the east; and its main buildings have all gone. At the spot 0.9 m to the north of the high platform remains the northern enclosing wall with a width of 1.4 m. The excavated area yielded a large number of green-glazed structural members, including lotus-flower design tile-ends, drips and bricks. The discovery of the Khan Royal Palace-site furnished material data to the study of the palace buildings of the early Qing Period and has important value to researching into the layout of Chengjing City of the Qing Period and the history of the late Ming and early Qing periods.

浙江宁波

小白礁Ⅰ号清代沉船遗址

XIAOBAIJIAO-I WRECK-SITE OF THE QING PERIOD IN NINGBO, ZHEJIANG

小白礁Ⅰ号沉船遗址位于浙江省宁波市象山县石浦镇东南约26海里洋面上的北渔山岛小白礁北侧海域。遗址于2008年在浙江沿海水下文物普查中被发现，2009年对其展开重点调查，2011年完成遗址表面清理，2012年完成船载文物发掘，计划于2013年完成古船船体发掘。

小白礁Ⅰ号沉船遗址紧靠小白礁礁体北侧，遗址表面最低处水深20～24、最高处水深18～22米（低平潮～高平潮），所在海床表面南高北低。遗址埋藏依海床地势南浅北深，平面大致呈椭圆形，南北长约23、东西宽约11.2米。遗址主体堆积为一艘木质沉船残骸和瓷器、石板等各类船载遗物。瓷器等小件船载遗物在遗址各处均有分布；石板有南北向5列，分布于遗址中部偏南，其上凸露在海床表面5～10厘米不等，互相倾斜叠靠，外侧2列长约8.5米，中间3列长约5米，石板仅一层，其下即为船体。

以船体残骸为界，遗址埋藏可分沉船前堆积和沉船后堆积，船体以下为沉船发生前的海床表面，船体以上为沉船后的淤积覆盖堆积，沉船后堆积自上而下可分为两层：第1层，厚0～0.6米，多数地方厚约0.2米，为黄沙夹大块的海蛎壳，个别地方几乎不见沙层，全为海蛎壳堆积，近底部的海蛎壳常带有下层的淤泥；第2层，厚0～0.4米，为灰色海泥，质软，船体内海泥堆积稍厚，船体外海泥层较薄，一般不足0.2米。

沉船船体浅埋于海床表面之下，方向北偏东10°，北艏南艉，船体上层和船舷等高出海床表面的构件已不存，残长约20.35、宽约7.85

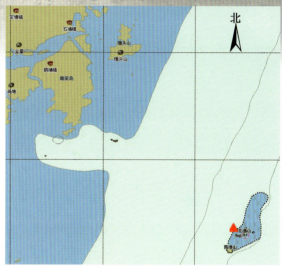

沉船遗址位置示意图
Schematic Map of the Location of the Wreck-site

肋骨与船舱隔底垫板
Ribs and a Soleplate for the Cabin Bottom

方形流水孔
Square Water-outlet

疑似桅座上的大凹槽
Large-sized Groove in the Possible Mast-Base

方形立柱
Square Post

米，残存的船体部分饱受海流的冲刷、激荡、侵蚀而崩解、摊散、断裂为东西两半，东半部分长约20.35、宽约4.86米，西半部分长约20、宽约3.18米。主要构件有龙骨、肋骨、隔舱板、舱底垫板、船壳板、疑似桅座和流水孔等，亦有少量散落的船板。

龙骨　船体南端龙骨断面呈"凸"字形，宽36、厚28厘米，其上还发现有圆孔。

肋骨　已发现23道，船体北部的肋骨较短并有明显弧度，越往中部、南部则逐渐变长且趋向平直，相邻两道肋骨间距相差不大。

舱底垫板　肋骨之上、船舱之内平铺有隔底长条形垫板，板厚约2厘米。

隔舱板　仅在沉船北部发现3道残存的隔舱板。

船壳板　目前所见，船壳板仅有一层，以铁钉固定在肋骨上，以舱料填缝，板厚约5厘米。

疑似桅座　位于船体中部，长180、宽85、厚19厘米，宽面上挖有两个大凹槽。

此外，船舱前后壁（肋骨）中间处发现有长方形流水孔。值得注意的是在船体南部两根肋骨之间的船底板上发现有一根方形立柱，尚不知为何构件。

出水遗物丰富，共计606件（2008年15件、2009年473件、2012年118件），主要有瓷器、陶器、石材、铜钱、银币、印章、锡器、紫砂壶和木质标本等。这些遗物除少量为船上生活用品和船体构件外，大部分是运输船货。

从出水遗物来看，瓷器底款有"嘉庆"和"道光"两种年款，且以后者居多；出水铜钱中，有"康熙通宝"、"乾隆通宝"、"嘉庆通宝"、"道光通宝"等。据此可以推断，沉船年代应为清代道光年间。

从遗迹、遗物分布来看，船体东北舱位中发现有分层成排成摆整齐码放的青花瓷碗、杯等，这些碗、杯的形制相同、年代统一、批量置放，且无使用痕迹，应为运载的船货；而成列陈放的石板，数量较多，也应是此船的一宗重要船货，同时兼具压舱作用；此外发现了铜钱、西班牙银币等当时商品贸易的流通货币，以及一方应属当时商号（帮）作为凭信的公章——"源合盛记"印章。据此可以推断，该船为一艘商贸运输船。

残存船体主要构件有龙骨、肋骨、隔舱板、舱底垫板、船壳板、疑似桅座和流水孔等，结合遗址所在的渔山列岛位于象山县石浦港东南大约26海里的洋面上，其外12海里即为外海，属远离大陆的外海航线区域。因此，该船是以龙骨、肋骨和船壳板为主要结构、具有较强抗风浪能力的外海商贸运输船。

沉船遗址中部偏南船舱整齐排列着5列石板材，南北向斜立并靠，置于沉船最底部，显然是最先装载的船货（压舱物），而这些石板产自宁波鄞州，故该船当时应从宁波始发。

根据考古资料显示，小白礁Ⅰ号船体在海床表面呈南北向，与东西向的礁体岩石基本垂直，且船体南端（船尾）断裂面参差不齐，几乎紧贴着礁体岩石，所以应是触礁沉没。这在历史文献也可以得到印证。根据《武备志》卷二四〇《郑和航海图》、《两种海道针经·指南正法》、《古航海图考释》和《中国沿海灯塔志（The coastwise lights of China）》等记载，渔山列岛海域至少在明代起已经是我国远洋航线上的一个重要站点，而且历来都是一个沉船事故高发区。

小白礁Ⅰ号沉船遗址主体集中、散布范围不大，船体主要构件清晰可辨，可复原程度较高，多数出水遗物器形规整、纹样精美，是一处具有较高历史、科学和艺术价值的水下文化遗存，为研究清代中外贸易史、海外交通史、造船史等问题提供了重要实物资料。

（供稿：范伊然　林国聪）

青花豆内底
Inner Bottom of a Blue-and-white *Dou* Stemmed Vessel

青花碗
Blue-and-white Bowl

青花豆
Blue-and-white *Dou* Stemmed Vessel

青花盘
Blue-and-white Dish

青花灯盏
Blue-and-white Lamp

紫砂壶
Purple Stoneware Pot

紫砂壶底款
Bottom Inscription of the
Purple Stoneware Pot

五彩器盖
Polychrome Vessel-cover

"源合盛记" 印章
Seal with the Legend
"Yuan He Sheng Ji 源
合盛记"

西班牙银币
Spanish Silver Coin

The Xiaobaijiao-I Wreck-site is situated in the sea area to the north of Xiaobai Reef of the Beiyushan Island that lies about 26 sea miles southeast of the Shipu Town in Xiangshan County of Ningbo City, Zhejiang Province. It was discovered in 2008 and explored through selective survey and excavation in 2009, 2011 and 2012. The wreck is roughly oval in plan and measures about 23 m in length from the north to the south and about 11.2 m in width from the west to the east. The ship body was shallowly buried under the surface of the seabed, stern pointing to the south and stem to the north, with an azimuth of 10°; its upper floor, sides and other parts higher than the seabed surface have all gone; and the remains are about 20.35 m in length and about 7.85 m in width and have been broken into a western and an eastern halves. The recorded structural members include keels, ribs, cabin-separating planks, soleplates for the cabin bottom, skin planks, a possible mast-base, a water-outlet and some scattered boards. The obtained objects total 606 pieces, such as porcelain and pottery vessels, stones, bronze and silver coins, seals, tin-ware, purple stoneware pots and wooden artifacts. The survey and excavation results indicate that the wreck is an overseas commercial transporting wooden ship and may have been set out from Ningbo Port and was sunk in the Daoguang Era of the Qing Period. The discovery of the site provided important material data for studying the history of Sino-foreign trade, overseas communications and shipbuilding in the Qing Period.

山东青岛胶州湾海域
2012年水下考古调查

2012-YEAR UNDERWATER ARCHAEOLOGICAL SURVEY IN THE SEA AREA OF JIAOZHOU BAY IN QINGDAO, SHANDONG

根据国家文物局《关于青岛市2012年度水下文物重点调查项目的批复》的精神和要求，2012年9月12日~9月29日，国家文物局水下文化遗产保护中心与国家水下文化遗产保护青岛基地联合组织开展了2012年度青岛沿海水下文化遗产调查工作，胶州湾海域的水下考古调查即是其中的重要组成部分。

此次调查工作主要采取了普查和重点调查相结合的方式，并尝试以区域视角开展水下文化遗产调查工作。调查主要采用物理探测扫描（如采用多波束声纳、侧扫声纳、浅地层剖面仪、磁力仪等海洋物探设备）与潜水探摸相结合的方法进行。在分析青岛海域"一战"时期已有调查资料、文献资料、水文环境资料的基础上，筛选出了水下遗存可能相对集中的胶州湾湾口海域作为重点目标区域开展系统探测调查。

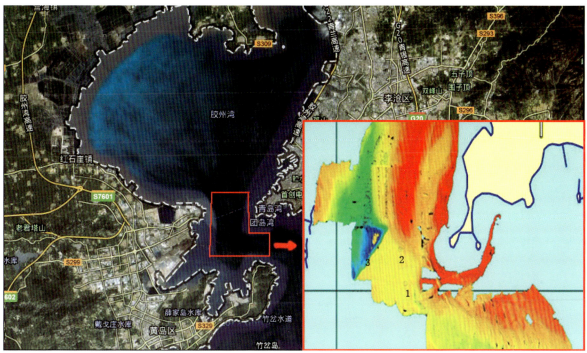

探测位置、范围及遗迹分布
Location and Scope of the Survey and the Distribution of the Vestiges

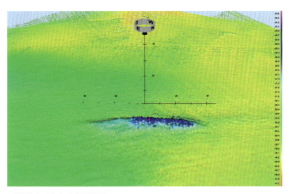

1号遗存多波束扫描图
Multi-beam Scan Picture of the No. 1 Remains

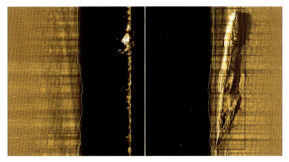

1号遗存旁侧声纳扫描图
Side Scan Sonar Picture of the No. 1 Remains

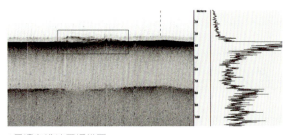

1号遗存浅地层扫描图
Shallow Stratigraphic Scan Picture of the No. 1 Remains

历史上胶州湾地理位置非常重要，而青岛港兼有军港与商港的性质。在此次调查共物理探测面积近24平方公里，发现遗存线索3处，编号为胶州湾1、2、3号。3处遗存位置相对较近，所处海底环境情况基本一致。

1号遗存长约73、宽（高）12、水深39米，方向142°，海床为泥砂。通过多波束声纳和旁侧声纳图像判断，此遗存极有可能为沉船，船体向船舷右侧倾斜，甲板部分保存较为完好。由浅地层剖面图像判断，船体后半段疑似被泥沙掩埋。2号遗存长约60、宽约8、水深37米，方向107°。3号遗存长约60、宽约10、水深61米，方向153°。

分析解读胶州湾海域3处水下遗存的物理探测数据和图像信息，其为沉船的可能性极大。遗存体积均较大，尤其是1号、2号遗存对物理探测仪器——磁力仪反应敏感且明显，应含有大量的铁质金属，极有可能为铁船。综合船体形态及文献资料等各方面信息，初步推测极有可能为近代沉没的军舰。

近代青岛是众多重大历史事件的发生地，在中国近现代史中具有重要地位，其中保存大量珍贵的水下文化遗产。本次调查发现的1号遗存，其发现位置、尺寸及海底保存状态等信息均与奥地利巡洋舰"伊丽莎白皇后"号的相关记载信息均较为相符。

"伊丽莎白皇后"号是一艘鱼雷装甲巡洋舰（torpedo ram cruiser），全名叫"凯瑟林·伊丽莎白皇后"号(Kaiser Elisabeth)，于1890年9月25日在普拉下水。该舰为排水量4030吨，燃煤锅炉装置，航速20节，舰上官兵424名，装备8门150毫米舰炮、2门70毫米副炮、14门50毫米速射炮及1门47毫米礼炮等。该舰主要作用是训练和培养奥地利海军、保护奥地利在世界各国的商业利益及从事外事活动。它曾在中国、埃及、印度和中东各国港口留下过身影并多次到达远东。1892年，奥国皇太子弗朗茨·斐迪南（Franz Ferdinand, 1863~1914年）乘该舰到日本作友好访问，1900年八国联军攻打北京时，该船也加入进西方列强的东征行列中，伙同奥地利巡洋舰"玛利亚·特雷莎女皇号"、炮舰"阿斯佩恩号"和"赞塔号"参加过对天津大沽口炮台的战斗。战争结束后，该舰驻守天津。

由于第一次世界大战在远东爆发，日本分别向德国和奥地利宣战，"伊丽莎白皇后号"留下协助德国驻军巩固青岛的海上防务。据青岛海港志及青岛档案信息网描述，1914年11月1日，"伊丽莎白皇后"号上发射出最后一

整理潜水装备
Putting Equipment in Order

入水
Entry into Water

枚炮弹，次日凌晨3时，为了防止军备资敌和阻塞青岛港口的主航道，"伊丽莎白皇后"号巡洋舰打开海底阀门，自沉于团岛和黄岛之间的主航道水域（即团岛灯塔西南4.5链处海底），其沉船的精确坐标为北纬36°00′，东经120°15′。但备注中表示由于该坐标为外方提供，故经近百年的变迁，水下的地貌和水流的冲刷作用,沉船可能会出现相当大的位移，该坐标可能存在误差。日本对德开战的主要目标是占有青岛港，因此日军占领青岛后，陆续打捞起沉没在胶州湾内的德国舰船和浮船坞以及德国布设在胶州湾内外海域水雷等，但未见关

于打捞"伊丽莎白皇后"号的记载。

胶州湾海域沉船遗存的发现丰富了青岛近代史研究的资料以及水下考古沉船遗存的类型。军舰这一沉船遗存作为近代军事文化遗产，国际影响力较大，关注度较高，对其开展进一步工作，既可以为全国其他地区此类水下遗存研究工作的开展提供参考，也能提高我国水下文化遗产保护事业的国际影响力和关注度。此外，此次调查还尝试借鉴区域系统调查的某些做法，为提高水下考古调查的主动性、科学性和可研究性积累了经验。

（供稿：尹锋超　丁见祥　魏超）

In September 2012, the Center for the Protection of Underwater Cultural Heritage under the State Administration of Cultural Heritage and the Qingdao Base for the Protection of National Underwater Cultural Heritage conducted a joint underwater archaeological survey in the sea area of Jiaozhou Bay in Qingdao, which brought about stage-marking achievements. The work was carried out mainly by physical survey scanning combined with diving search. The former covered an area of approximately 24 sq km and discovered three spots of remains (Nos. Jiaozhou-Bay 1—3). Through a synthetical analysis of the survey-obtained data and literal records it can be preliminarily inferred that these vestiges must have been left over from a warship sunk in a modern naval battle. The discovered location, the condition on the seabed and some other information of the No. 1 remains show its correspondence with the relevant records on the Austrian cruiser "Queen Elizabeth." The discovery enriched the data for studying the modern history of Qingdao and our knowledge of the types of underwater wrecks. Moreover, the present survey made an attempt to use some methods of regional systematic survey and gained experiences for raising the initiative, scientificalness and research ability of underwater archaeological survey.